W0210112

Das Grundschul-Wissen mit der Maus

Deutsch 1. bis 4. Klasse

Der komplette Lernstoff:
Clever nachschlagen mit Tipps von der Maus

von
Ursula Lassert
Kathrin Glasschröder

Klett Lerntraining

DieMaus

Das Grundschul-Wissen mit der Maus
Deutsch
1.–4. Klasse

Der komplette Lernstoff: Clever nachschlagen mit Tipps von der Maus

Autoren:
Kathrin Glasschröder: Seiten 158–167, Innenklappen
Ursula Lassert: Seiten 14–157, 168, 172–177

Bibliografische Information der Deutschen Nationalbibliothek
Die Deutsche Nationalbibliothek verzeichnet diese Publikation in der Deutschen Nationalbibliografie; detaillierte bibliografische Daten sind im Internet über http://dnb.d-nb.de abrufbar.

Das Werk und seine Teile sind urheberrechtlich geschützt. Jede Nutzung in anderen als den gesetzlich zugelassenen Fällen bedarf der vorherigen schriftlichen Einwilligung des Verlages. Hinweis zu §52a UrhG: Weder das Werk noch seine Teile dürfen ohne eine solche Einwilligung eingescannt und in ein Netzwerk eingestellt werden. Dies gilt auch für Intranets von Schulen und sonstigen Bildungseinrichtungen.

Auflage 3 2 1 | 2016 2015 2014
Die letzten Zahlen bezeichnen jeweils die Auflage und das Jahr des Druckes.

Dieses Werk folgt der neuesten Rechtschreibung und Zeichensetzung.

Der vorliegende Band ist eine Bearbeitung von:
Die kleinen Lerndrachen: Mein Komplettwissen Grundschule Deutsch 1–4

© Klett Lerntraining, c/o PONS GmbH, Stuttgart 2014. Alle Rechte vorbehalten.
www.klett.de/lernhilfen

Teamleiterin Grundschule und Kinderbuch: Susanne Schulz

© 2014 WDR mediagroup GmbH
Redaktion: Anita Leichert, Sabine Arenz

Abbildungen Maus, Elefant und Ente:
© I. Schmitt-Menzel/Friedrich Streich
WDR mediagroup GmbH
Die Sendung mit der Maus © WDR

Umschlag- und Innengestaltung: Sabine Kaufmann, Stuttgart
Satz: tebitron gmbh, Gerlingen
Druck: Medienhaus Plump GmbH, Rheinbreitbach
Printed in Germany
ISBN 978-3-12-949154-6

9 783129 491546

Herzlich willkommen bei der Maus!

Super, dass du mit Maus, Ente und Elefant lernen möchtest. Mit ihnen macht das richtig viel Spaß. In diesem Buch helfen sie dir bei all deinen Deutsch-Fragen.

Name: Die Maus

Das macht die Maus besonders gerne: Kniffelige Aufgaben findet sie toll! Manchmal benutzt sie ihren praktischen Schwanz, den sie ganz unterschiedlich als Werkzeug einsetzen kann.

Das sagen ihre Freunde über sie: Sie gilt als pfiffig und neugierig. Aufgaben versucht sie, einfach und clever zu lösen.

So hilft sie dir: Sie erklärt dir alle wichtigen Deutsch-Regeln, die du dir gut merken solltest.

Name: Der Elefant

Das macht der Elefant besonders gerne: Schlafen kann er immer und überall. Mit seinem langen Rüssel kann er eine Schlucht überbrücken, Wasser oder Luft saugen und natürlich auch trompeten.

Das sagen seine Freunde über ihn: Er hilft, wo er kann. Du wirst sehen, dass er manchmal etwas übermütig und tollpatschig ist.

So hilft er dir: Er zeigt dir Tipps zu schwierigen Themen.

Name: Die Ente

Das macht die Ente besonders gerne: Sie liebt schwimmen und nascht sehr gerne. Im Moment übt sie fleißig fliegen, und das ist gar nicht so einfach.

Das sagen ihre Freunde über sie: Sie steht gerne im Mittelpunkt und macht Quatsch. Dabei ist sie immer sehr aufgeregt.

So hilft sie dir: Sie macht Unfug und sorgt dafür, dass du beim Lernen was zu lachen hast!

Inhalt

Richtig schreiben (Rechtschreibung)

Sprache untersuchen (Grammatik)

Tipps zum Aufsatzschreiben

Deutsch-Übungen im Alltag mit der Maus

Anhang

Übersicht über Schriftarten

Liebe Eltern,

Sie haben sich richtig entschieden: Dieses Buch ist der perfekte Begleiter durch die gesamte Grundschulzeit Ihres Kindes.

Es enthält den kompletten Stoff des Faches Deutsch der Grundschulklassen 1 bis 4, abgestimmt auf die aktuellen Lehrpläne der Bundesländer. Während der gesamten Grundschulzeit kann Ihr Kind das Buch nutzen und Regeln, Beispiele und Erklärungen selbstständig nachschlagen.

Dieses Buch kann Ihr Kind in vielfältigen Situationen verwenden: zum Nachschlagen und Wiederholen bei Hausaufgaben, zur Vorbereitung auf Klassenarbeiten und Tests oder ganz einfach, um Wissen aufzufrischen. Dabei wird Ihr Kind von der Maus und ihren Freunden unterstützt. Sie erklären Regeln und geben hilfreiche Tipps. So motiviert lässt es sich leichter lernen.

Der Lernstoff des Faches Deutsch ist in **vier Großkapitel** eingeteilt, deren farbige Markierung an den oberen Seitenrändern zu Ihrer Orientierung dient:

Richtig schreiben (Rechtschreibung)

Sprache untersuchen (Grammatik)

Texte erschließen und verstehen (Lesen)

Texte schreiben (Aufsatz)

Über das ausführliche Inhaltsverzeichnis sowie das Register (ab Seite 178) können Sie ein bestimmtes Thema leicht finden.

Ein zusätzliches Kapitel Spielerische Deutsch-Übungen im Alltag mit der Maus unterstützt Sie bei der Förderung Ihres Kindes. Wie können Sie spielerisch und ganz nebenbei wichtige Grundlagen zum Fach Deutsch in den Alltag mit einbeziehen, ohne lästiges Pauken? Zahlreiche Ideen und Tipps geben Ihnen hier wertvolle Fördermöglichkeiten.

In den einzelnen Bundesländern werden mitunter unterschiedliche **Fachbegriffe** verwendet *(z. B. Tuwort, Tunwort, Zeitwort)*. Der Zeitpunkt des Wechsels zu lateinischen Fachbegriffen (Verb) kann von Schule zu Schule variieren. Das Buch verwendet durchgängig die lateinischen Fachbegriffe, deren Kenntnis von allen Schülern am Ende der Grundschulzeit vorausgesetzt wird. Eine Übersicht und Erklärung aller Begriffe finden Sie auf den Seiten 168 und 169.

Eine **Liste mit Wörtern,** die von Grundschülern am häufigsten falsch geschrieben werden, finden Sie ab Seite 172. Die Liste oder Teile davon können Sie auf vielfältige Weise nutzen, beispielsweise zum Nachschlagen, Abschreiben oder Diktieren.

Im Inhaltsverzeichnis und bei den jeweiligen Kapiteln im Buch finden Sie in der Randspalte eine **Klassenstufen-Zuordnung**. Hier sehen Sie auf einen Blick, welches Thema in welcher Klasse besonders wichtig ist.

Klasse
1 2 3 4

Wir wünschen Ihnen und Ihrem Kind viel Freude und Erfolg mit Ihrem Grundschulwissen!

Autoren und Verlag

Liebe Schülerin, lieber Schüler,

in diesem Buch findest du alles, was du im Fach Deutsch während deiner Grundschulzeit lernst und wissen solltest. Regeln und Beispiele von der Maus und ihren Freunden kannst du zu einem Lernthema schnell nachschlagen und wiederholen. Du wirst sehen, dass dann der Stoff bald so richtig „sitzt“!

Das Buch ist in vier große Kapitel eingeteilt:

Richtig schreiben (Rechtschreibung)

Sprache untersuchen (Grammatik)

Texte erschließen und verstehen (Lesen)

Texte schreiben (Aufsatz)

Die unterschiedlichen Farben der Kapitel wiederholen sich auf jeder Seite oben. So kannst du dich gut zurechtfinden.

Das bedeuten die Zeichen und Symbole, die du im Buch findest:

Großgeschrieben werden alle Überschriften und Satzanfänge.

In den grünen Merkkästen findest du alle Regeln. Präge sie dir gut ein.

Die Sonne lacht vom blauen Himmel.

Beispiele sind immer in Farbe gedruckt. Sie helfen dir, die Regeln besser zu verstehen und anzuwenden.

Schlag dazu auch auf Seite 44 nach.

Wenn es zu einem Lernthema noch an anderer Stelle im Buch Erklärungen gibt, findest du in der Randspalte einen solchen Hinweis.

Die Maus hat einen Tipp für dich auf Seite 136.

Zu vielen Lernthemen hat die Maus einen cleveren Expertentipp für dich: Wie du zum Beispiel Fehler beim Schreiben vermeiden kannst. Diese Tipps findest du auf den Seiten mit hellgrüner Farbe.

Vokal

Was ist noch mal ein „Vokal“? Alle wichtigen Fachbegriffe kannst du ab Seite 168 nachschlagen.

E

eben, ebenfalls, ebenso

Im Register ab Seite 178 kannst du nachschlagen, an welchen Stellen ein Wort im Buch vorkommt. „Eigenname“ wird zum Beispiel auf Seite 15 und auf Seite 46 behandelt.

Klasse

1 2

Auf der Randspalte des Inhaltsverzeichnisses und auf den Innenseiten siehst du auf einen Blick, welches Thema in welcher Klasse besonders wichtig ist.

Viel Freude und Erfolg mit diesem Buch!

Klasse
1 2

Satzanfänge und Überschriften

Es ist am einfachsten, wenn du dir merkst, welche Wörter großgeschrieben werden. Denn dann weißt du auch, welche Wörter kleingeschrieben werden. Je besser du dir das merken kannst, desto weniger Fehler wirst du machen.

Großgeschrieben werden alle Überschriften und Satzanfänge.

Das erste Wort der Überschrift:

- **Der** Elefant und die Maus

Das erste Wort eines Satzes:

- **Letztes** Jahr spielten der Elefant und die Maus in den Sommerferien Fußball. **Sie** hatten jede Menge Spaß.

Das erste Wort der wörtlichen Rede nach einem Doppelpunkt:

- Die Zuschauer riefen: „**Los,** Elefant, noch ein Tor!“

Schlag dazu auch auf Seite 77 nach.

Eigennamen, Nomen, Anredepronomen, Tageszeiten

Klasse 1 2 (Nomen)

Klasse 3 4 (Anredepronomen)

Großgeschrieben werden auch alle Eigennamen, Nomen, die höflichen Anredepronomen und bestimmte Tageszeiten.

Die Eigennamen von Tieren, Menschen, Bergen, Ländern, Städten, Flüssen:
Mia, Tim, Rhein (Fluss), Zugspitze (Berg), Berlin (Stadt), Café Lustig

Nomen, die Lebewesen, Dinge, Gefühltes oder Gedachtes bezeichnen:
die Schule, das dicke Buch, große Freude, die Traurigkeit, deine Idee, mein Wunsch

Höfliche Anredepronomen in einem Brief an Personen, zu denen du Sie sagst:
- Wie geht es Ihnen, Frau Meier?
- Es grüßt Sie ...

Die Tageszeiten nach *heute, morgen, gestern,* übermorgen, *vorgestern:*
- Ich komme morgen Mittag.
- Er hatte gestern Nachmittag keine Zeit.

Schlag dazu auch auf den Seiten nach:
- Nomen: 46
- Anredepronomen: 128 und 129

Klasse 1 2 3 4

Verben

Verben werden immer kleingeschrieben. Aber wenn sie als Nomen gebraucht werden, schreibt man sie ausnahmsweise groß. Dann sprechen wir von substantivierten Verben.

Kleinschreibung:

Schlag dazu auch auf Seite 52 nach.

- Latifa läuft nach Hause.
- Peter turnt am Reck.
- Wir lesen gern spannende Bücher.
- Latifa kommt dich morgen besuchen.

Klasse 3 4

Großschreibung:

Artikel, Adjektive, Pronomen und Verhältniswörter können aus einem Verb ein Nomen machen.

Schlag dazu auch auf den Seiten nach:
- Pronomen: 60 und 61
- Verhältniswörter: 62

Artikel	Sie hörte **ein H**upen und **ein K**nattern. Max liebte **das R**auschen des Regens.
Adjektive	**Langes A**usruhen mag sie nicht. Ich hörte **lautes R**ufen aus dem Turm.
Pronomen	Ich freue mich über **dein K**ommen. **Sein S**chreien erschreckte uns.
Verhältniswörter	**Beim L**esen aß sie einen Apfel. Das ist einfach **zum L**achen.

Adjektive

Klasse 3 4

Adjektive werden immer kleingeschrieben. Werden sie aber als Nomen gebraucht, schreibt man sie ausnahmsweise groß. Dann sprechen wir von substantivierten Adjektiven.

Kleinschreibung:

- Berlin ist eine große Stadt.
- Lilly ist das klügste Mädchen.
- Kai läuft am schnellsten.

Großschreibung:

Artikel, Zahlwörter, Pronomen und Verhältniswörter können aus einem Adjektiv ein Nomen machen.

Artikel	**Das G**ute ist oft teuer. Das ist **das B**este, was ich sehe.
Adjektive	Ich verrate dir **etwas N**eues. Anna hat **viel S**chönes erlebt.
Pronomen	**Ihr K**leiner ist drei Jahre alt. Du bist **mein L**iebster.
Verhältniswörter	Wir fahren **ins G**rüne. Die Ampel schaltet **auf R**ot.

Schlag dazu auch auf den Seiten nach:
- Zahlwörter: 63
- Pronomen: 60 und 61
- Verhältnis-wörter: 62

Tipp

Diese Wörter müssen aber nicht immer davorstehen! Beispiel: Der Elefant mag am liebsten Blau.

Klasse
3 4

Nomen und Verben

Verbindungen von **Nomen und Verben** werden **getrennt** geschrieben.

Du schreibst diese Wörter aber **zusammen**, wenn sie als Nomen gebraucht werden. Das ist zum Beispiel der Fall, wenn ein **Artikel** oder ein Verhältniswort davorsteht.

Wenn **zwei Verben** aufeinandertreffen, schreibst du sie getrennt.

Verbindungen von Nomen und Verben:
- Morgen wird die Maus Rad fahren.
- Der Elefant will lieber Ski laufen.

Verbindungen von Nomen und Verben mit Artikel oder Verhältniswort:
- Philipp hasst **das** Autofahren in der Stadt.
- Lena verletzte sich **beim** Skifahren.

Verbindungen von zwei Verben:
- Später wird Daniel schwimmen gehen.
- Susi muss noch lesen üben.

Klasse 4

Verschiedene Verbindungen

Zusammengeschrieben werden die Verbindungen mit **irgend-** und mit **-mal**.

Getrennt geschrieben werden die Verbindungen mit **gar, sein** und **so, wie, zu** in Verbindung mit einem Adjektiv, Umstandswort oder Pronomen.

Verbindungen mit *irgend-:*
irgendwer, **irgend**etwas, **irgend**wann, **irgend**wohin

Verbindungen mit *-mal:*
ein**mal**, zwei**mal**, kein**mal**, manch**mal**, dies**mal**

Verbindungen mit *gar:*
gar kein, **gar** nicht, **gar** nichts, **gar** sehr, **gar** wohl

Verbindungen mit *sein:*
- Jan wird bald fertig **sein**.
- Die Feier wird bald vorbei **sein**.

Verbindungen mit *so, wie, zu:*
- Für **so** viele Menschen reicht der Platz nicht.
- **Wie** oft gehst du ins Kino?
- Der Weg ist **zu** weit.
- Kann ich **zu** dir kommen?

Klasse 2

Lange Vokale und Umlaute

Wichtige Bestandteile eines Wortes sind die Vokale.

Schlag dazu auch auf Seite 44 nach.

Vokale kommen einzeln als *a, e, i, o, u,* als doppelte Vokale *aa, ee, oo,* als Doppellaute (Diphthonge) *ai, ei, au, äu, eu* oder als langes *ie* vor:

- haben, geben
- Boot, Meer
- Haus, Heu, weinen
- lieben

Vokale können auch umgelautet werden.
Dann sprechen wir von **Umlauten** *(ä, ö, ü):*
Länder, Höhle, Bühne

In vielen Wörtern werden die Vokale und Umlaute **lang** gesprochen. Ihnen folgt immer nur **ein einziger Konsonant.**

Lange Vokale können ohne Kennzeichnung auftreten.

Lange Vokale ohne Kennzeichnung:
Schwäne, Weg, Vogel, Zug

Dehnungs-h und doppelte Vokale

Klasse 2

Das **Dehnungs-h** zeigt dir, dass der Vokal davor **lang** gesprochen wird. Das *h* dehnt ihn. Das *h* selbst ist aber beim Sprechen nicht zu hören.
Meistens steht das Dehnungs-*h* vor *l, m, n oder r.*

vor dem *l:* hohl, zählen, Fehler
vor dem *m:* Rahmen, lahm, nehmen
vor dem *n:* gähnen, Zahn, Bohne
vor dem *r:* rühren, fahren, Turmuhr

Das *ih* findest du nur in den Pronomen
ihr, ihm, ihn, ihnen, ihre, ihrem, ihren, ihrer.

Das Dehnungs-*h* darfst du nicht mit dem **Silben-h** verwechseln. Das silbentrennende *h* kann man in der Grundform deutlich hören:
sehen, drehen, gehen, stehen

Doppelte Vokale werden immer **lang** gesprochen. Da es nur wenige Wörter mit doppelten Vokalen gibt, lernst du sie am besten auswendig.

aa: Aal, Haar, Saal, Staat, Waage
ee: Allee, Beere, Idee, Tee, Schnee
oo: Boot, Moor, Moos, Zoo

Da es doppelte Umlaute nicht gibt, schreibt man im Plural und bei der Verkleinerungsform nur **einen Umlaut,** also Säle, Härchen, Pärchen, Bötchen.

Klasse
1 2

Doppellaute

Die Doppellaute (Diphthonge) *au, äu, eu, ai* und *ei* werden immer **lang** gesprochen. Sie gelten als **ein Laut**. Deshalb dürfen sie bei Worttrennungen nicht getrennt werden.

Das *äu* ist meistens der Umlaut von *au:*
- träumen – Traum
- Kräuter – Kraut
- Mäuschen – Maus

Das *eu* klingt dunkel, und das *ei* ist ein heller Doppellaut.

Wörter mit eu	Leute, treu, Feuer, Scheune, Eule
Wörter mit ei	Leiter, treiben, Feier, Schein, eilen

Tipp

Kannst du die wichtigen Wörter mit „ai" schon auswendig? Dann unterscheidest du sie leicht von Wörtern mit „ei".

Auch das *ai* klingt hell:
Mai, Laie (Gegenteil von Fachmann), Gitarrensaiten, Hai, Kaimauer, Mais, Kaiser

Klasse 2

Langes i

Das lange *i* wird meistens mit *e* **verlängert** zum *ie.* In einigen Wörtern wird es nur als *i* geschrieben. Diese Wörter stammen meistens aus anderen Sprachen. Nur bei den Pronomen wird das lange *i* als *ih* geschrieben.

Wörter mit *ie*: Fliege, lieben, Wiese, schließen, Lieder, schief, radieren, diktieren

Einige Verben bilden das Imperfekt mit *ie:*
- laufen – ich lief
- schreiben – er schrieb
- schlafen – sie schlief

Wörter mit *i:* Benzin, Tiger, Kino, Termin, Musik, prima, Rosine, Mandarine, Violine, Apfelsine, Gardine

Wörter mit *ih:* ihm, ihn, ihr, ihnen

Die Wörter wieder und wider werden oft verwechselt. Wenn du dir einmal die beiden Grundbedeutungen klargemacht hast, kann nichts mehr schiefgehen.

wieder (noch einmal, zurück):
- Lena möchte gerne wiederkommen.

wider (gegen, entgegen):
- Er widersprach dauernd.
- Sie fand es widerlich.

Klasse 2 3

Kurze Vokale und Umlaute ...

Schlag dazu auch auf Seite 44 nach

Einem kurzen betonten Vokal *(a, e, i, o, u)* oder Umlaut *(ä, ö, ü)* folgen meistens **zwei oder mehrere Konsonanten.**

Nur selten steht ein kurzer Vokal vor **einem** einzigen Konsonanten. Am besten merkst du dir die folgenden einsilbigen Wörter, die keine Konsonanten-Verdoppelung haben:
ab, am, an, bin, bis, das, dran, drin, es, hat, hin, im, in, man, mit, ob, um, vom, von, was, weg, zum

Merk dir auch die Wörter gut, bei denen hinter dem kurzen Vokal nur ein *k* steht. Hier sind einige, die sehr oft vorkommen:
Artikel, Doktor, Inspektor, Insekt, Rektor, Takt

Klasse 2

... vor doppelten Konsonanten

Oft folgen einem kurzen Vokal zwei gleiche Konsonanten. Wir nennen sie Doppelkonsonanten. Dazu gehören *bb, dd, gg, ff, ll, mm, nn, pp, rr, ss, tt:*
Affe, Bagger, Brille, Kämme,
Kanne, surren, nett

Klasse 3

... vor dreifachen Konsonanten

Es können aber auch drei gleiche Konsonanten nach einem kurzen Vokal stehen:
Be**ttt**uch, Schi**fff**ahrt, Schri**ttt**empo, Schne**lll**äufer, Schwi**mmm**eister

Klasse 3

... vor gemischten Konsonanten

Oft stehen zwei oder mehrere verschiedene Konsonanten hinter einem kurzen Vokal, wie zum Beispiel *st, pf, lk, nk, rz, mpf, tsch.* Dann sprechen wir von Konsonantenhäufung:
Zi**rk**el, sto**pf**en, E**rbs**e, O**bst,** schi**mpf**en, Du**rst,** Na**cht,** na**sch**en, Ku**nst,** pla**tsch**en

Klasse 3

... vor tz und ck

tz und *ck* stehen für die Doppelkonsonanten *zz* und *kk.* Auch sie folgen immer nur auf kurze Vokale und Umlaute.

Wörter mit tz	Pfü**tz**e, Wi**tz**e, tro**tz**ig, spri**tz**en
Wörter mit ck	De**ck**el, wa**ck**eln, stre**ck**en, Blo**ck**

Klasse 2 3 4

ä – e, äu – eu, ai – ei

Es gibt Laute, die du leicht verwechseln kannst, weil sie sich fast gleich anhören, egal wie deutlich du sprichst. Das sind die Vokale und Umlaute ä und e, äu und eu, ai und ei.

ä: **Ä**rmel, R**ä**tsel, qu**ä**len
e: K**e**rze, schw**e**r, **e**ng
äu: Gem**äu**er, tr**äu**men, t**äu**schen
eu: L**eu**te, fr**eu**ndlich, Fr**eu**de

Ein Wort wird dann mit ä oder äu geschrieben, wenn es ein verwandtes Wort mit a oder au gibt.

- l**ä**nger – l**a**ng
- tr**äu**men – Tr**au**m

Wenn du die Pluralform bildest, siehst du, dass bei vielen Wörtern aus dem *a* ein *ä* wird:

- S**a**tz – S**ä**tze
- Kr**au**t – Kr**äu**ter

Bilde doch einmal die Verkleinerungsform! Auch hier wird aus dem *a* oft ein *ä:*

- Sp**a**tz – Sp**ä**tzchen
- H**au**s – H**äu**schen

Das *a* wird ebenfalls oft zum *ä,* wenn du Adjektive steigerst:

- h**a**rt – h**ä**rter – am h**ä**rtesten

Nur wenige Wörter mit *ä* und *äu* haben keine Verwandten mit *a* oder *au*. Das sind **Ausnahmen**. Deshalb ist es gut, wenn du dir diese Wörter merkst:

- Bär, Lärm, Säge, März, Käfer, Dämmerung, Ähre
- Säule, Knäuel, sich sträuben, sich räuspern

Auch das Wort *Eltern* ist eine Ausnahme. Es ist das einzige Wort, das mit *e* geschrieben wird, obwohl es mit den Wörtern *alt, älter, Alter* verwandt ist.

Die Verwandten eines Wortes mit *eu* werden immer mit *eu* geschrieben.

- heute – heutzutage
- Leuchter – beleuchten
- bezeugen – Zeugnis

Auch Wörter mit *ai* und *ei* kann man nicht durch Hören unterscheiden. Hier hilft kein deutliches Sprechen, sondern nur Lernen.

Wörter mit ai	Mai, Mais, Gitarrensaite, Laie, Kaiser, Haifisch, Kaimauer
Wörter mit ei	fein, Bein, schneiden, Buchseite, vermeiden, steigen, breit

Klasse 3 4

s, ß und ss

Bei den *s*-Lauten unterscheiden wir den stimmhaften (gesummten, weichen) *s*-Laut, der immer als *s* geschrieben wird und den stimmlosen (gezischten, scharfen) *s*-Laut, der als *s, ß* oder *ss* geschrieben werden kann.

stimmhaftes *s:*
blasen, Gläser, Wiese

stimmloses *s* ...

als s nach langen und kurzen Vokalen	Gra**s**, er la**s**; Ma**s**ke, da**s**
als ß nur nach langen Vokalen	Spa**ß**, Fu**ß**, Sträu**ß**e
als ss nur nach kurzen Vokalen	na**ss**, da**ss**, Ta**ss**e, Flu**ss**

Nomen mit *ß* im Singular behalten das *ß* im Plural:
Gru**ß** – Grü**ß**e

Nomen mit *ss* im Singular behalten das *ss* im Pural:
Ku**ss** – Kü**ss**e

In gleichen Wortfamilien können s-Laute mit *ß* und mit *ss* geschrieben werden. Auch hier gilt die Regel: nach kurzen Vokalen folgt *ss*, nach langen *ß*. Wenn du die Wörter deutlich aussprichst, kannst du den unterschiedlichen *s*-Laut hören.

Verbindungen von Nomen und Verben:
- *beißen:* der Bi**ss**, gebi**ss**en, ich bei**ß**e
- *wissen:* das Wi**ss**en, gewu**ss**t, ich wei**ß**
- *schließen:* das Schlo**ss**, geschlo**ss**en, ich schlie**ß**e

Klasse 3 4

das oder dass?

Der **Artikel** *das* und das **Pronomen** *das* werden immer nur mit *s* geschrieben. Das Wort *das* kannst du durch die beiden Wörter *dieses* und *welches* ersetzen.

Das **Bindewort** *dass* wird immer mit *ss* geschrieben. Es steht immer nach einem Komma.

das oder dass?

das: Ich kenne das (dieses) Tier nicht, das (welches) dort läuft.

dass: Ich hoffe, dass du Zeit hast.
Er sagte, dass die Sonne scheint.

dass/das: Weiß die Maus, dass das (dieses) Haus, das (welches) dort steht, uns gehört?

Wörter auf -is und -us

Wörter auf *-is* und *-us* werden immer nur mit *s* geschrieben. Dieses *s* wird aber im Plural zu *ss.*

- Zeugn**is** – Zeugn**isse**
- Omnib**us** – Omnib**usse**

Klasse 3 4

Der ks-Laut

Für den *ks*-Laut gibt es fünf verschiedene Schreibweisen: *gs, ks, cks, chs, x.*

Am häufigsten wird er als *x* und als *chs* geschrieben.

Es gibt jedoch keine Regel dafür. Wenn du dir die Wörter aber gut einprägst, kann gar nichts passieren.

Die verschiedenen Schreibweisen sind:

x	die He**x**e, mi**x**en, das Ta**x**i, der Te**x**t, e**x**tra, der Bo**x**er, bo**x**en, fi**x**, die Pra**x**is, die A**x**t, das **X**ylophon
chs	der Da**chs**, der Fu**chs**, wa**chs**en, se**chs**, we**chs**eln, die A**chs**el, der Lu**chs**, der O**chs**e, die A**chs**e, das Wa**chs**, die Eide**chs**e
gs	unterwe**gs**, ta**gs**über, flu**gs**, allerdin**gs**, anfan**gs**
ks	der Ke**ks**, lin**ks**
cks	der Kle**cks**, der Kni**cks**, kle**cks**en, kna**cks**en

Der f-Laut

Klasse 2 3 4

Der *f*-Laut kann als *f, v, pf* oder *ph* geschrieben werden. In den meisten Wörtern wird der *f*-Laut aber als f geschrieben.

Das *v* wird in Wörtern, die aus dem Lateinischen kommen, wie *w* gesprochen. In einigen Wörtern und in den **Vorsilben** *ver-, vor-, viel-, voll-* schreibt man *v*, spricht aber *f*.

Das *pf* hört sich anders an, denn hier spricht man auch das *p* vor dem *f* mit. Wenn du deutlich sprichst und hinhörst, machst du bald keine Fehler mehr.

In einigen Wörtern wird der *f*-Laut als *ph* geschrieben. Diese Wörter lernst du am besten auswendig, denn es gibt nur wenige.

f-Laute	*Beispiele*
f:	**F**leisch, **F**luss, **F**isch, **f**liegen, **f**ahren, **f**ür
v (als w gesprochen):	Oli**v**e, **V**erb, No**v**ember, **V**itamine, **V**ulkan
v (als f gesprochen):	**V**eilchen, **V**ater, **V**ogel, **V**olk, **V**ieh, **v**on
v in Vorsilben (als f gesprochen):	**v**erkleiden, **v**erstehen, **V**erkehr, **V**erlust; **V**orteil, **V**orfreude, **v**orüber, **v**orbeugen; **v**ielleicht, **v**ielmals, **v**ielfach, **v**ielmehr; **V**ollmond, **v**ollenden, **v**ollkommen
pf:	**Pf**eil, **Pf**erd, sto**pf**en, Kra**pf**en, To**pf**
ph (als f gesprochen):	Stro**ph**e, As**ph**alt, Al**ph**abet

Schlag dazu auch auf Seite 77 nach

Klasse 1 2

b oder p, g oder k im An- und Auslaut

Die Laute *b* oder *p* und *g* oder *k* können leicht verwechselt werden, denn sie hören sich sehr ähnlich an.

Am Wortbeginn, als **Anlaut**, kannst du *b/p* und *g/k* aber gut auseinanderhalten, wenn deutlich gesprochen wird.

- backen – packen
- Garten – Karten

Im **Auslaut** kann man kaum hören, ob ein Wort auf *b/p* oder *g/k* endet.

- *b/p:* der**b**, tau**b**, der Schu**b**, plum**p**
- *g/k:* Zwer**g**, Käfi**g**, schlan**k**, Fabri**k**

Tipp

Verlänger doch einfach die Wörter! Dann weißt du gleich, mit welchem Laut das Wort endet.

Bei Nomen hilft es dir, den Plural zu bilden:

- Kor**b** – Kör**b**e
- Zwer**g** – Zwer**g**e
- Wer**k** – Wer**k**e

Bei Verben hilft dir die Bildung der Wir- oder der Grundform:

- er we**b**t – wir we**b**en / we**b**en
- es lie**g**t – wir lie**g**en / lie**g**en

Bei Adjektiven hilft es dir, wenn du die 1. Vergleichsstufe bildest:

- star**k** – stär**k**er
- weni**g** – weni**g**er
- gro**b** – grö**b**er
- plum**p** – plum**p**er

Adjektive kannst du auch verlängern, wenn du sie mit einem Nomen verbindest:

- traurig – das traurige Mädchen
- rund – der runde Ball

Wenn in einem Wort ein *b* vorkommt, dann bleibt es auch in all seinen verwandten Wörtern ein *b*. Dasselbe gilt für die Buchstaben *g, p* und *k*.

schreiben: schrei**b**t, Schrei**b**tisch, ich schrie**b**
Berg: ber**g**ig, Gebir**g**e, Ber**g**spitze, Hausber**g**
krank: Kran**k**enhaus, krän**k**lich, erkran**k**en

Einige Wörter solltest du dir aber gut merken, denn sie haben keine verwandten Wörter und lassen sich auch nicht verlängern. Dazu gehören:
b: O**b**st, Her**b**st, Kre**b**s, Er**b**se
p: Rollmo**p**s, Gi**p**s, Knir**p**s
g: flu**g**s
k: Ke**k**s, lin**k**s

Klasse 1 2 3 4

d oder t im An- und Auslaut

Die **Anlaute** *d* und *t* sind bei deutlicher Aussprache gut zu unterscheiden. Stehen sie jedoch im **Auslaut**, kannst du den Unterschied kaum hören.

im Anlaut:
- **D**orf – **T**orf
- **D**eich – **T**eich
- **d**anken – **t**anken

im Auslaut:
- Win**d**, blin**d**, Ra**d**
- Ta**t**, ha**t**, sieh**t**

Bei Verben steht in der **3. Person Singular** immer ein *t* am Wortende:
- es schnei**t**
- sie lies**t**
- er geh**t**

Wenn du die Wörter verlängerst, weißt du gleich, mit welchem Laut das Wort endet.
Bei Nomen hilft es dir, den Plural zu bilden:
- Win**d** – Win**d**e
- Ra**d** – Rä**d**er

Bilde bei Adjektiven die 1. Vergleichsstufe:
- har**t** – här**t**er
- wil**d** – wil**d**er

Klasse 3 4

Wörter mit dt / tt

Nur wenige Wörter werden mit *dt* geschrieben, zum Beispiel die Wörter verwan**dt**, Verwan**dt**e und Wörter mit dem Wortstamm *-stadt:*
Groß**stadt**, Neu**stadt**, **städt**isch, Klein**stadt**, Innen**stadt**, **Stadt**theater, **Stadt**verkehr

Mit *tt* geschrieben werden zum Beispiel sta**tt**lich, ansta**tt**, gesta**tt**en. Sie sind nicht mit dem Wort *Stadt* verwandt.

Wörter mit end- / ent-

Klasse 3 4

Wir unterscheiden die Silben *end-* und *ent-*. Du kannst den Unterschied gut erkennen, wenn du deutlich sprichst und wenn du dir Folgendes merkst:

Alle Wörter mit dem Wortstamm *end-* sind verwandt mit dem Wort *Ende*. Sie werden immer mit *d* geschrieben. Beim Sprechen liegt die Betonung immer auf *end-*.

Dagegen liegt bei Wörtern mit der Vorsilbe *ent-* die Betonung niemals auf *ent-*.

end-: **End**lauf, be**end**en, **end**los, **end**lich, **End**spurt, un**end**lich, **end**gültig
ent-: **Ent**scheidung, **Ent**schluss, **ent**decken, **ent**zwei

Die Wörter seid / seit

Klasse 1 2 3 4

Manchmal musst du wissen, woher ein Wort kommt, um es richtig schreiben zu können.
Das ist zum Beispiel bei den Wörtern *seid* und *seit* so. Das Wort *seid* ist die Personalform des Verbs *sein* und das Wort *seit* ist ein Verhältniswort:

seid: Ihr seid glücklich.
Wo seid ihr?

seit: Es regnet seit zwei Tagen.
Seit wann bist du hier?

Klasse 1 2

st, sp, schl, schm, schn, schr, schw

Viele Wörter beginnen mit *st* und *sp.* Da aber das *s* bei *st* und *sp* sehr oft als *sch* gesprochen wird, werden diese Laute oft falsch geschrieben.

Wörter mit st und sp

Das *s* bei *st* und *sp* wird **immer** als *s* geschrieben und gesprochen.
Außer es steht am Wort- und Silbenanfang, dann wird es als *sch* gesprochen.

Am Ende und in der Mitte eines Wortes:

Verbindungen von Nomen und Verben:
- Fe**st**, Ta**st**en, Ki**st**e;
- We**sp**e, knu**sp**ern

Am Wort- oder Silbenanfang:
- **St**rom, **st**ellen, **St**rand, vor**st**ehen, Neu**st**adt, ver**st**ellen
- **sp**ielen, **Sp**ort, **Sp**rung, **sp**rechen, **sp**ucken, **sp**ät, **Sp**inne

Klasse 1 2

Wörter mit schl, schm, schn, schr, schw

Wörter mit *sch*-Schreibung werden auch als *sch* gesprochen. Das *sch* steht:

- vor Vokalen *a, e, i, o u*
- vor Umlauten *ä, ö, ü, äu*
- vor den Konsonanten *l, m, n, r und w.*

vor Vokalen	**Schi**rm, **Scha**l, **Scho**kolade
vor Umlauten	**Schü**rze, **Schü**ssel, **schö**n
vor l	**Schl**eier, **schl**echt, **schl**afen
vor m	**Schm**etterling, **schm**al, **schm**oren
vor n	**Schn**itzel, **Schn**ee, **schn**eiden
vor r	**Schr**ank, **Schr**aube, **schr**eiben
vor w	**Schw**ein, **schw**ach, **schw**enken

Klasse 1 2 3 4

qu, -y, -tion, -eur, ph, rh, th

Die Buchstabenverbindung qu und die seltenen Endungen *-y, -tion, -eur* musst du dir gut einprägen.

Klasse 1 2

Wörter mit qu

Es gibt nur wenige Wörter mit den Buchstaben *qu*. Lern sie am besten auswendig. Das *qu* wird immer mit *u* geschrieben, aber *kw* gesprochen, wie bei diesen Beispielen:
Quelle, **Qu**alle, **Qu**ark,
A**qu**arium, **qu**ietschen, be**qu**em

Klasse 3 4

Wörter mit -y, -tion, -eur

Viele Wörter mit fremdsprachlichen Wurzeln enden mit *-y, -tion, -eur,* wobei *y* wie *i*, *tion* wie *zion* und *eur* wie *ör* gesprochen wird.
-y: Bab**y**, Hobb**y**, Redd**y**
-tion: Por**tion**, Sta**tion**, Addi**tion**
-eur: Chauff**eur**, Mont**eur**, Ingeni**eur**

Klasse 3 4

Wörter mit ph, rh, th

Einige Wörter werden mit *ph, rh, th* geschrieben.
Auch diese Wörter stammen aus anderen Sprachen. Bei den Buchstabenverbindungen *rh* und *th* wird das *h* nicht gesprochen. Bei der Verbindung *ph* sorgt das *h* dafür, dass *ph* wie *f* gesprochen wird.
ph: As**ph**alt, Stro**ph**e, Al**ph**abet, **Ph**ysik
rh: **Rh**abarber, **Rh**ythmus, **Rh**ein
th: **Th**eater, **Th**ema, Biblio**th**ek

Weil das *ph* wie *f* gesprochen wird, werden Wörter mit *ph* heute oft mit *f* geschrieben:
Foto**g**ra**f**ie, Tele**f**on, Gra**f**iker, Mikro**f**on

c, j, ch

Klasse 2 3 4

Die Buchstaben *c, j* und *ch* werden im **Anlaut verschieden ausgesprochen**, obwohl sie immer gleich geschrieben werden.

Im Anlaut wird das *c* als *k, c* oder *tsch* gesprochen.
Das *j* klingt manchmal wie *dsch* und manchmal wie *j.*
Das *ch* wird teilweise *ch, sch* oder *k* gesprochen.

Buchstabe c

wie k	*wie c*	*wie tsch*
Clown, **C**afé, **C**amping, **C**omputer	**C**ellophan, **C**elsius, **C**ent	**C**ello, **C**ellist, **C**embalo

Buchstabe j

wie dsch	*wie j*
Jackett, **J**ogger, **J**eep, **J**eans, **J**oker	**J**acke, **J**äger, **J**aguar, **J**udo, **J**uwelen, **J**ogurt

Buchstabe ch

wie ch	*wie sch*	*wie k*
China, **Ch**ile, **Ch**emie	**Ch**efin, **Ch**ampignon, **Ch**auffeur	**Ch**or, **Ch**arakter, **Ch**ristian

Klasse 1 2 3 4

Worttrennung

Schlag dazu auch auf den Seiten 37 bis 39 nach.

Wörter mit zwei und mehr Silben können am Ende einer Zeile getrennt werden. Dazu trennst du die Wörter zwischen ihren Silben. Es hilft, wenn du deutlich sprichst und bei jeder Silbe in die Hände klatschst. Stehen dort **zwei oder mehrere unterschiedliche Konsonanten,** kommt nur der letzte Konsonant in die neue Zeile.

Stehen dort **zwei oder drei gleiche Konsonanten,** wird zwischen diesen getrennt.

Die Buchstaben *ch, ck, sch, ph, rh, th* gelten als **ein Laut** und bleiben daher immer zusammen.

Zusammengesetzte Wörter werden nach ihren Bestandteilen getrennt.

mehrsilbige Wörter	Mar-me-la-de
zwei oder mehrere Konsonanten	ba**n**-**g**e, Zi**r**-**k**el, he**t**-**z**en, Fen**s**-**t**er, Tö**p**-**f**e, Er**b**-**s**en
zwei oder mehrere gleiche Konsonanten	Ba**g**-**g**er, Bre**t**-**t**er, ko**m**-**m**en, Sta**ll**-**l**a-ter-ne
ch, ck, sch, ph, rh, th	la-**ch**en, Da-**ck**el, wi-**sch**en, Pro-**ph**et, Tanz-rhy**th**-mus
zusammengesetzte Wörter	Topf-lap-pen, Rast-platz, Ruck-sack, Faust-hand-schu-he

Klasse
1 2 3 4

Steht **ein einzelner Konsonant** zwischen zwei Vokalen, schreibt man diesen in die nächste Zeile.

Das **Dehnungs-h** bleibt immer bei seinem Vokal, das **Silben-h** aber geht in die neue Zeile!

Doppellaute *au, äu, eu, ai, ei* und **doppelte Vokale** *aa, ee, oo* bleiben immer zusammen.

Einzelne Vokale dürfen nicht abgetrennt werden.

ein Konsonant zwischen zwei Vokalen	ru-**f**en, ho-**l**en, Bo-**t**e, Ti-**g**er
Dehnungs-h	f**üh**-len, w**oh**-nen, F**ah**-ne
Silben-h	ste-**h**en, flie-**h**en, se-**h**en
Doppellaute und doppelte Vokale	s**au**-ber, h**eu**-te, Str**äu**-cher, G**ei**-gen-s**ai**-te, K**ai**-ser, B**oo**-te, M**ee**-re, H**aa**-re
einzelne Vokale	**I**gel, **O**fen, **a**ber, **o**ben, **U**fer

Schlag dazu auch auf Seite 21 nach

Klasse 2

Schlag dazu auch auf Seite 68 nach.

Satzschlusszeichen

Sätze werden durch Satzschlusszeichen voneinander getrennt. Das erleichtert das Lesen und das Verstehen von Texten. Das Satzschlusszeichen richtet sich nach der **Art des Satzes.**

Nach Aussagesätzen steht ein **Punkt,** nach Fragesätzen ein **Fragezeichen** und nach Ausrufesätzen ein **Ausrufezeichen.** Hinter Aufforderungen steht je nach der Dringlichkeit entweder ein Punkt oder ein Ausrufezeichen.

Aussagesatz	Maria kocht eine Suppe**.** Die Sonne scheint**.** Rom liegt in Italien**.**
Fragesatz	Wann kommst du**?**
Ausrufesatz	Hui, ging das aber schnell**!** Bravo, gut gemacht**!**
Aufforderungssatz – • *Aufforderung weniger dringlich vorgetragen* • *Aufforderung eindringlich vorgetragen*	Bring mir bitte das Buch**.** Bring mir endlich das Buch**!**

Klasse 3 4

Kommas

Kommas, oder auch Kommata genannt, stehen bei **Aufzählungen** von gleichartigen Satzgliedern. Vor *und* und *oder* steht kein Komma.

Kommas können zwischen **zwei selbstständigen Sätzen** stehen, die mit *und* oder *oder* verbunden sind. Sie müssen stehen, wenn diese mit *aber, denn* oder *sondern* verbunden sind.

Kommas stehen auch **zwischen Haupt-** und **Nebensatz.**

In **Ausrufesätzen** stehen Kommas nach dem Ausruf oder dem Namen.

Schlag dazu auch auf Seite 76 nach

Aufzählungen mit Komma	Mia**,** Clara**,** Fred und Lotte spielen im Garten. Die Kinder lesen**,** schreiben und malen gerne.
Aufzählungen – ohne Komma vor ***und*** *und* ***oder***	Schreibst du **oder** malst du?
zwei selbstständige Sätze mit Komma vor ***aber, denn*** *und* ***sondern***	Ich gehe nach Hause, **aber** Jan geht zur Schule. Er will keinen Kakao trinken, **sondern** er will ein Eis essen.
Haupt- und Nebensätze mit Komma	Ich komme, **wenn** ich Zeit habe. Anna Lisa geht ins Bett, **weil** sie müde ist.
Ausrufesätze	**O je,** wie das regnet! **Laura,** komm schnell!

Klasse 1 2

Laute und Buchstaben des Alphabets

Wenn Menschen sprechen, formen sie mit Stimmbändern, Zunge und Lippen verschiedene Laute, die andere Menschen hören können. Mehrere Laute ergeben ein gesprochenes Wort.

Dabei unterscheiden wir zwischen **Anlauten** (Laut am Wortanfang), **Inlauten** (Laut im Wort) und **Auslauten** (Laut am Wortende).

Es gibt Laute, die alleine klingen. Das sind die **Vokale** (Selbstlaute) *a, e, i, o, u.*

Konsonanten werden auch Mitlaute genannt. Sie klingen nur in Verbindung mit einem Vokal. Sie lauten: *b, c, d, f, g, h, j, k, l, m, n, p, q, r, s, t, v, w, x, y, z.*

Irgendwann schrieben die Menschen die Laute als Zeichen, als Buchstaben, auf. So entstand die Schrift. Buchstaben sind also geschriebene Laute.

Unser **Alphabet** besteht aus 26 Buchstaben. Es gibt große und kleine Buchstaben.

A B C D E F G H I J K L M N O P Q R S T U V W X Y Z
a b c d e f g h i j k l m n o p q r s t u v w x y z

Schlag dazu auch auf den Seiten nach:

- Sonderzeichen *ß:* 28
- Doppellaut: 22
- Buchstabenverbindung: 36 bis 39

Es gibt jedoch weitaus mehr Laute als Buchstaben. Außerdem gibt es das Sonderzeichen *ß*, die Umlaute *ä, ö, ü,* die Doppellaute (Diphthonge) *ai, ei, au, äu, eu* und Buchstabenverbindungen wie zum Beispiel *ch, sch, ck, ng, nk, chs* oder *qu.*

Klasse 1 2

Silben und Wörter

Ein Wort besteht aus einer oder aus mehreren Silben.

Silben sind die Bausteine der Wörter. Sie bestehen aus mindestens einem Vokal und einem Konsonanten. Es gibt einsilbige und mehrsilbige Wörter.
Nur mehrsilbige Wörter können getrennt werden.

Jede Silbe enthält entweder ...
einen Vokal: f**a**l-l**e**n
einen Umlaut: T**ö**-ne
einen Doppellaut: L**eu**-te
einen doppelten Vokal: B**oo**-te

Einsilbige Wörter sind:
der, am, lacht, Tor, und

Mehrsilbige Wörter sind:
Kis-te, ba-cken, ver-ges-sen

Ein Wort kann sich auch aus mehreren Wörtern zusammensetzen:
- Burg + innen + Hof = Burginnenhof
- unter + schreiben = unterschreiben
- Gold + gelb = goldgelb

Wörter bilden Wortfamilien, wenn sie denselben Wortstamm haben:
- **bau**en, Ge**bäu**de, an**bau**en
- **les**en, ge**les**en, vor**les**en, **Les**ebuch

Schlag dazu auch auf den Seiten 40 und 41 nach.

Wörter sind die Bausteine von Sätzen und Sätze die Bausteine von Texten.

Klasse 1 2 3 4

(Klasse 1: noch ohne Fachbegriffe)

Was sind Nomen?

Nomen werden auch Substantive, Namen- oder Hauptwörter genannt. Nomen geben Lebewesen, Dingen und Gefühlen einen Namen. Auch Eigennamen sind Nomen. Nomen werden großgeschrieben.

Personen, Tiere, Pflanzen und Dinge	Mann, Kind; Hund, Bär; Baum, Tulpe; Tisch, Haus
Gedanken und Gefühle	Freude, Zorn, Heiterkeit, Idee
Eigennamen	Laura, Latifa, Jan, Felix

Die Maus hat einen Tipp für dich auf Seite 142.

Tipp

Das Wort „Nomen" kommt aus dem Lateinischen und heißt „Name".

Auch **Oberbegriffe (Sammelnamen)** sind Nomen. Sie fassen andere Nomen zusammen. So kannst du manches kürzer sagen.

Pflanzen	Tulpe, Veilchen, Tanne
Obst	Kirschen, Äpfel, Birnen
Tiere	Tiger, Maus, Kuh

Klasse

1 2 3 4

(Klasse 1: noch ohne Fachbegriffe)

Nomen und Artikel

Nomen haben meistens einen Artikel (Begleiter) bei sich. Eigennamen stehen dagegen ohne Artikel.

der bestimmte Artikel: der, die, das
der unbestimmte Artikel: ein, eine, ein
der Artikel im Plural: die

Der **bestimmte** Artikel bezeichnet etwas Bestimmtes:
- Der Hund gehört mir.
- Ich finde die Brille nicht.

Der **unbestimmte** Artikel bezeichnet etwas Unbestimmtes:
- Dort läuft ein Hund.
- Eine Tasche liegt hier.

Artikel gibt es in diesen drei Formen:

männlich	*weiblich*	*sächlich*
der Affe	die Burg	das Mädchen
ein Schrank	eine Stadt	ein Buch

Wie du siehst, stimmt der Artikel **nicht** immer mit dem natürlichen Geschlecht überein, zum Beispiel bei **das** Mädchen.

Es gibt auch Nomen mit unterschiedlichem Artikel und unterschiedlicher Bedeutung:
- der Kunde (Käufer) – die Kunde (Nachricht)
- die Leiter (Treppe) – der Leiter (Chef)

Klasse 2

Singular und Plural

Nomen können im Singular und im Plural stehen.

Singular ist die **Einzahl,** Plural ist die **Mehrzahl.** Der Plural kann auf unterschiedliche Arten gebildet werden.

Hier hast du einen Überblick über die verschiedenen Möglichkeiten. Bei einigen Wörtern werden nur Endungen angehängt.

	Singular	*Plural*
-e:	der Hund	die Hund**e**
-er:	das Brett	die Brett**er**
-en:	die Fahrt	die Fahrt**en**
-n:	die Straße	die Straße**n**
-s:	das Auto	die Auto**s**
-nen:	die Lehrerin	die Lehrerin**nen**
-se:	der Bus	die Bus**se**

Bei manchen Nomen ändert sich sogar der Wortstamm.
Sie bilden den Plural durch ...

	Singular	*Plural*
Umlaute:	die Mutter der Bruder	die M**ü**tter die Br**ü**der
Umlaute und -*e* als Endung:	der Topf der Baum	die T**ö**pf**e** die B**ä**um**e**
Umlaute und -*er* als Endung:	das Blatt das Land	die Bl**ä**tt**er** die L**ä**nd**er**

Es gibt Nomen, die sich im Plural gar nicht verändern.
Hier erkennst du den Plural nur am Artikel:

- der Dampfer – die Dampfer
- der Brunnen – die Brunnen

Es gibt auch Nomen, die nur im Singular stehen. Zum Beispiel: die Milch oder die Butter.

Immer im Plural stehen dagegen Nomen wie zum Beispiel: die Eltern oder die Ferien.

Klasse 3 4

Die vier Fälle

Nomen treten immer in einem der vier Fälle auf.
Bei dem Wechsel von einem Fall zum anderen Fall verändern die Nomen ihre Form.

Die Fälle lauten:

Nominativ	oder **1. Fall**	oder **Wer-Fall**
Genitiv	oder **2. Fall**	oder **Wessen-Fall**
Dativ	oder **3. Fall**	oder **Wem-Fall**
Akkusativ	oder **4. Fall**	oder **Wen-Fall**

Mithilfe von Fragen kannst du herausfinden, in welchem Fall ein Nomen steht. So sieht das im Singular aus:

Fall	*Frage*	*Antwort*
Nominativ:	Wer oder was steht hier?	... der Freund ... die Oma ... das Kind
Genitiv:	Wessen Bücher sind das?	... des Freundes ... der Oma ... des Kindes
Dativ:	Wem gehören die Stifte?	... dem Freund ... der Oma ... dem Kind
Akkusativ:	Wen oder was siehst du?	... den Freund ... die Oma ... das Kind

Auch im Plural stehen die Nomen immer in einem der vier Fälle. Hier kannst du ebenfalls die vier Fälle mithilfe von Fragen herausfinden.

Fall	*Frage*	*Antwort*
Nominativ:	Wer oder was steht hier?	... die Freunde ... die Omas ... die Kinder
Genitiv:	Wessen Bücher sind das?	... der Freunde ... der Omas ... der Kinder
Dativ:	Wem gehören die Stifte?	... den Freunden ... den Omas ... den Kindern
Akkusativ:	Wen oder was siehst du?	... die Freunde ... die Omas ... die Kinder

Tipp

Ist dir bei dem Artikel etwas aufgefallen?
Er verändert in den vier Fällen auch seine Form!

Klasse
1 2 3 4
(Klasse 1: noch ohne Fachbegriffe)

Die Maus hat einen Tipp für dich auf Seite 142.

Was sind Verben?

Verben werden auch Zeitwörter, Tätigkeitswörter, Tu- oder Tunwörter genannt. Diese Wörter teilen dir eine **Handlung**, ein **Geschehen** oder einen **Zustand** mit. Verben werden kleingeschrieben.

Handlung	Der Elefant fährt Ski.
Geschehen	Es regnet.
Zustand	Herr Herten wohnt in Köln.

Grundform und Personalform

Verben bestehen aus einem Wortstamm und einer Endung. Ihre **Grundform** wird auch Infinitiv genannt. Du bildest die Grundform, indem du an den Wortstamm *-en* oder *-n* anhängst.

In Sätzen verwendest du die **Personalform** der Verben. Verben richten sich immer nach dem **Subjekt,** dem Satzgegenstand. Dabei ändern sich ihre Endungen.

Die Grundform ...
auf *-en:* spiel**en,** schreib**en**
auf *-n:* wander**n,** kletter**n**

Die Personalform:

	Singular	*Plural*
1. Person:	ich sing**e**	wir sing**en**
2. Person:	du sing**st**	ihr sing**t**
3. Person:	er / sie / es sing**t**	sie sing**en**

Bei vielen Verben ändern sich nicht nur die Endungen. Auch der Wortstamm ändert sich. Diese Verben heißen **unregelmäßige Verben.**

laufen	*lesen*	*nehmen*
ich laufe du **läu**fst er **läu**ft wir laufen ihr lauft sie laufen	ich lese du **li**est er **li**est wir lesen ihr lest sie lesen	ich nehme du n**imm**st er n**imm**t wir nehmen ihr nehmt sie nehmen

Diese beiden Verben verändern sich besonders stark:

sein		*haben*	
ich **bin**	wir **sind**	ich **habe**	wir **haben**
du **bist**	ihr **seid**	du **hast**	ihr **habt**
er / sie / es **ist**	sie **sind**	er / sie / es **hat**	sie **haben**

Mit Verben kannst du auch Befehle und Bitten äußern. Dann stehen die Verben in der **Befehlsform:**

- Komm her!
- Lies bitte lauter!
- Macht schnell!
- Bitte, helfen Sie mir!
- Gehen wir doch endlich los!

Schlag dazu auch auf Seite 123 nach.

Tipp

In Wörterbüchern stehen Verben immer in der Grundform.

Klasse 3 4

Die verschiedenen Zeitformen

Verben sagen dir, **wann** etwas geschieht. Dafür haben sie verschiedene Zeitformen.

Die Zeitform **Präsens** (Gegenwart) wird verwendet, wenn etwas jetzt gerade geschieht.

Das **Imperfekt,** auch Präteritum genannt, ist die 1. Vergangenheitsform. Du verwendest das Imperfekt für schriftliche Erzählungen und Berichte.

Das **Perfekt** (2. Vergangenheit) verwendest du beim mündlichen Erzählen. Du bildest das Perfekt mit den Hilfsverben *haben* und *sein.*

Präsens:
- Ich lese ein Buch.
- Jan spielt Schach.

Imperfekt:
- Gestern las ich ein Buch.
- Gestern spielte Jan Schach.

Perfekt:
- Gestern habe ich ein Buch gelesen.
- Gestern hat Jan Schach gespielt.

Bei den meisten Verben bildest du das **Perfekt** mit dem Hilfsverb *haben*. Bei Verben der Bewegung wird das Perfekt mit *sein* gebildet.

lachen (+ haben)	*wandern (+ sein)*
ich habe gelacht	ich bin gewandert
du hast gelacht	du bist gewandert
er / sie / es hat gelacht	er / sie / es ist gewandert
wir haben gelacht	wir sind gewandert
ihr habt gelacht	ihr seid gewandert
sie haben gelacht	sie sind gewandert

Bei der Bildung der Vergangenheitsformen verändern einige Verben nicht nur die Endung, sondern auch ihren Wortstamm:

- ich denke – ich dachte – ich habe gedacht
- ich singe – ich sang – ich habe gesungen
- ich springe – ich sprang – ich bin gesprungen

Die Zeitform **Futur** (Zukunft) wird verwendet, wenn etwas später geschehen wird.

Es gibt zwei Formen des Futurs. Du kannst es mit dem Verb *werden* und der Grundform des Verbs bilden. Du kannst aber auch die Zeitangabe benennen und dann das Verb in der Gegenwartsform bilden.

werden + Grundform	*Zeitangabe + Gegenwartsform*
Ich werde ein Buch lesen.	Morgen lese ich ein Buch.
Jan wird Schach spielen.	Morgen spielt Jan Schach.

Klasse
1 2 3 4
(Klasse 1: noch ohne Fachbegriffe)

Die Maus hat einen Tipp für dich auf Seite 143.

Was sind Adjektive?

Adjektive werden auch Wiewörter oder Eigenschaftswörter genannt. Sie sagen uns, **wie** Lebewesen, Dinge, Gedanken oder Gefühle sind.

Wenn ein Adjektiv vor einem Nomen steht, beschreibt es dessen Eigenschaften und Merkmale. Adjektive werden kleingeschrieben.

Stehen Adjektive vor Nomen, passen sie ihre Form den Nomen an. Adjektive und Nomen stimmen überein in:

Geschlecht	ein dick**er** Mensch eine dick**e** Mauer ein dick**es** Schaf
Zahl	ein hoh**er** Turm – hoh**e** Türme das klein**e** Kind – die klein**en** Kinder
Fall	der schnell**e** Läufer des schnell**en** Läufers dem schnell**en** Läufer die schnell**en** Läufer

Stehen mehrere Adjektive vor einem Nomen, passen sie **alle** ihre Formen an das Nomen an:

- ein schwer**er,** schwarz**er** Hammer
- mit laut**er,** fröhlich**er** Musik
- lustig**e,** dick**e** Clowns
- die groß**en,** grün**en,** knackig**en** Äpfel

Auch die Adjektive auf *-ig, -lich, -isch, -bar, -haft, -sam* passen sich den Nomen an:

- der steinig**e** Weg
- die fröhlich**en** Kinder
- ein stürmisch**es** Wetter
- ein sonderbar**er** Brief
- das zauberhaft**e** Kleid
- ein furchtsam**es** Kind

Adjektive können aber auch **bei Verben** stehen. Dann beschreiben sie, wie etwas geschieht oder getan wird.

Adjektive, die bei einem Verb stehen, verändern sich **nicht.**

- Er lacht **laut.**
- Sie läuft **schnell.**
- Mia bastelt **vorsichtig** eine Kette.

Klasse 4

Steigerung der Adjektive

Die meisten Adjektive können gesteigert werden.

Es gibt **drei Stufen:** die Grundstufe, die 1. Vergleichsstufe und die 2. Vergleichsstufe.

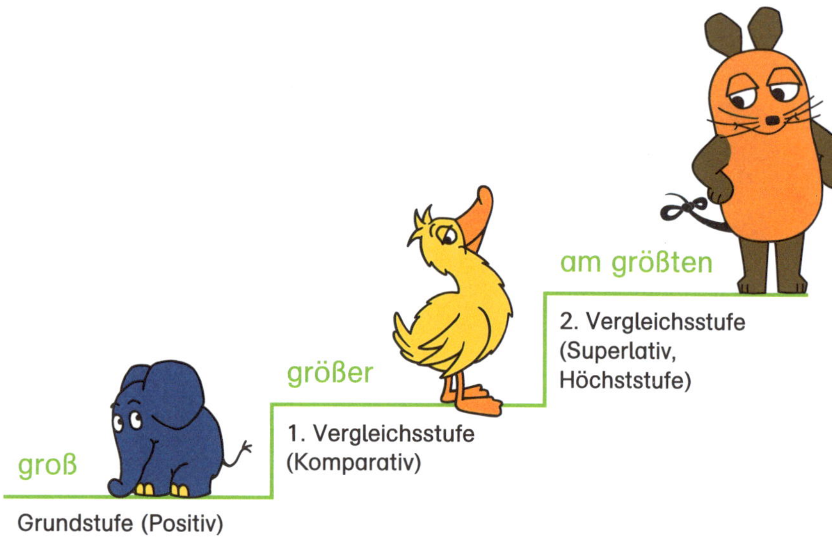

Einige Adjektive werden **unregelmäßig gesteigert:**
- gut – besser – am besten
- hoch – höher – am höchsten
- nah – näher – am nächsten
- viel – mehr – am meisten

Manche Adjektive können **nicht gesteigert** werden, weil sie bereits die Höchststufe ausdrücken. (Denn es gibt nichts, was zum Beispiel runder als rund ist oder eckiger als eckig!)

Dazu gehören zum Beispiel die Adjektive:
rund, eckig, viereckig, uralt, erstklassig, einzig, tot, ewig, weiß, schwarz

Klasse 4

Mit Adjektiven vergleichen

Eigenschaften kannst du vergleichen. Bei Vergleichen steht nach der **Grundstufe** immer *wie.* Mit diesem Vergleichswort beschreibst du Dinge, die gleich sind.

- Honig ist so süß **wie** Zucker.
- Kai ist so schnell **wie** sein Bruder.
- Anne ist so klug **wie** Toni.

Wenn Eigenschaften verschieden sind, beschreibst du sie mit einem Adjektiv in der **1. Vergleichsstufe** und dem Vergleichswort *als.*

- Ina ist **kleiner als** ihre Schwester.
- Ein Fußball ist **größer als** ein Tennisball.
- Der Rhein ist **länger als** die Weser.

Auch die gesteigerten Adjektive passen sich den nachfolgenden Nomen in Geschlecht, Zahl und Fall an.

- Tobi traf Jans **jüngere** Schwester.
- Die **dickeren** Bücher liegen auf dem Tisch.
- Tom kaufte den **billigsten** Computer.

Die Adjektive der **2. Vergleichsstufe** werden nach *am* immer kleingeschrieben.

- Peter ist **am stärksten.**
- Ich fand den Krimi **am besten.**

Klasse 3

Personalpronomen

Pronomen werden auch Fürwörter genannt. Sie stehen für ein anderes Nomen. Pronomen ersetzen Personen, Tiere und Dinge.

Personalpronomen heißen auch persönliche Fürwörter. Sie stehen stellvertretend für eine oder mehrere Personen. Alle Pronomen werden kleingeschrieben.

• Die Maus	fotografiert		den Elefanten und mich.
Sie	fotografiert		uns.
• Gestern	traf	Max	unsere Oma.
Gestern	traf	er	sie.
• Jan	leiht	diese Bücher	seinen Freunden.
Er	leiht	sie	ihnen.

Personalpronomen stehen wie Nomen immer in einem bestimmten Fall. Dabei verändern sie ihre Form.

Singular	
1. Person:	ich, mir, mich
2. Person:	du, dir, dich
3. Person:	er, sie, es; ihm, ihn, ihr
Plural	
1. Person:	wir, uns
2. Person:	ihr, euch
3. Person:	sie, ihnen

Klasse 3

Besitzanzeigende Pronomen

Besitzanzeigende Pronomen heißen auch Possessivpronomen. Sie sagen uns, wem etwas gehört. Sie stehen meistens als Begleiter eines Nomens. Dabei verändern sie ihre Form.

Tipp

Pronomen sind praktisch. Mit ihnen kannst du alles kürzer sagen und Wiederholungen vermeiden.

Singular		
1. Person:	mein	→ Ich suche mein**e** Hefte.
2. Person:	dein	→ Er kennt dein**en** Freund.
3. Person:	sein	→ Er gibt das Foto sein**er** Oma.
	ihr	→ Das ist die Uhr ihr**es** Bruders.
Plural		
1. Person:	unser	→ Er mag unser**en** Hund.
2. Person:	euer	→ Gestern traf ich eur**en** Vater.
3. Person:	ihr	→ Sie sattelten ihr**e** Pferde.

Klasse
1 2 3 4
(Klasse 1:
noch ohne
Fachbegriffe)

Verhältniswörter

Verhältniswörter heißen auch Präpositionen. Sie geben Verhältnisse zwischen Personen oder Dingen an.
Sie können **zeitliche und räumliche Verhältnisse** ausdrücken und verändern nicht ihre Form. Verhältniswörter sind zum Beispiel *ab, an, auf, bis, hinter, in, nach, neben, seit, über, um, unter, während, vor, zwischen.*

Hinter den Verhältniswörtern *an, auf, hinter, in, neben, unter, über, vor, zwischen* kann entweder der Dativ oder der Akkusativ stehen.

Der Dativ antwortet auf die Frage *Wo?*, der Akkusativ beantwortet die Frage *Wohin?*

Dativ: Wo?	*Akkusativ: Wohin?*
Er sitzt …	Sie läuft …
hinter der Mauer.	hinter die Mauer.
im Haus.	in das Haus.
unter dem Busch.	unter den Busch.
vor dem Zelt.	vor das Zelt.

Die Verhältniswörter selbst können nicht verändert werden. Aber du kannst einige von ihnen mit dem bestimmten Artikel zusammenziehen.
- an dem Fenster = am Fenster
- in das Haus = ins Haus
- in dem Gebüsch = im Gebüsch

Zahlwörter, Bindewörter, Umstandswörter

Klasse 3

Hier siehst du noch drei Wortarten, die wichtig sind und die oft gebraucht werden. Das sind die Zahlwörter, Bindewörter und Umstandswörter. Sie können sich nicht verändern.

Zahlwörter

Zahlwörter werden auch Numerale genannt. Es gibt **bestimmte** Zahlwörter, die eine genaue Anzahl angeben, und **unbestimmte** Zahlwörter. Alle Zahlwörter werden kleingeschrieben.

bestimmte Zahlwörter	*unbestimmte Zahlwörter*
eins, zwei, drei, vier, fünf, sechs, sieben ...	viele, einige, mehrere, wenige, manche ...

Bindewörter

Bindewörter werden auch Konjunktionen genannt. Sie verbinden Wörter und Wortgruppen, aber auch Sätze.

Schlag dazu auch auf Seite 76 nach.

aber, denn, und, oder; als, obwohl, wenn, weil, dass ...
- Ich schlafe, **wenn** ich müde bin.
- Liest du **oder** schreibst du?

Umstandswörter

Umstandswörter werden auch Adverbien genannt. Sie beschreiben den näheren Umstand eines Geschehens. Sie sagen uns, *wann, wo, wie* oder *warum* etwas geschehen ist.

Schlag dazu auch auf Seite 75 nach.

dort, hier, gestern, kaum, sehr, außen, bald ...
- **Gestern** war er **hier.**

Klasse 3

Zusammengesetzte Wörter

Nomen, Verben und Adjektive kannst du selbst bilden, indem du sie aus einzelnen Wörtern zusammensetzt. Diese Wörter heißen zusammengesetzte Wörter.

Zusammengesetzte Nomen bestehen aus einem Bestimmungswort und einem Grundwort.

Mit **zusammengesetzten Verben** lassen sich Tätigkeiten sehr genau benennen.

Mit **zusammengesetzten Adjektiven** kannst du anschaulicher beschreiben.

Bei zusammengesetzten Nomen richtet sich der Artikel immer nach dem Grundwort:

Bestimmungswort	*Grundwort*	*zusammengesetztes Nomen*
Haus (Nomen) +	Tür =	**die** Haus**tür**
lesen (Verb) +	Buch =	**das** Lese**buch**
krank (Adjektiv) +	Haus =	**das** Kranken**haus**

Manchmal müssen Buchstaben eingefügt werden wie *-e-, -er-, -es-, -n-, -s-:*
die Meer**es**frucht, das Boot**s**haus, der Sonne**n**schein

Verben kannst du zum Beispiel mit den Wörtern *unter, wieder, fort; groß, klein; statt, teil* zusammensetzen.

Adverb oder Adjektiv	*Verb*	*zusammengesetztes Verb*
wieder +	bringen =	wiederbringen
fort +	laufen =	fortlaufen
groß +	schreiben =	großschreiben

Auch Adjektive kannst du aus verschiedenen Wörtern zusammensetzen. Mit zusammengesetzten Adjektiven kannst du anschaulicher beschreiben.

Nomen, Verb oder Adjektiv		*Adjektiv*		*zusammengesetztes Adjektiv*
Zucker (Nomen)	+	süß	=	zuckersüß
Haus (Nomen)	+	hoch	=	haushoch
tropfen (Nomen)	+	nass	=	tropfnass
hell (Adjektiv)	+	blau	=	hellblau
nass (Adjektiv)	+	kalt	=	nasskalt

Mit zusammengesetzten Adjektiven kannst du es kürzer sagen.

- grün wie Gras = grasgrün
- kalt wie Eis = eiskalt
- blau wie der Himmel = himmelblau

Klasse 3 4

Ableitungen (Vor- und Nachsilben)

Manche Nomen, Verben und Adjektive bestehen aus einem **Wortstamm und einem angehängten Wortbaustein.** Wir sprechen dann von Ableitungen. Hinzugefügte Wortbausteine verändern immer den Sinn eines Wortes.

Wenn du einem Nomen die Wortbausteine *be-, end-, ent-, ge-, miss-, un-, ur-, ver-, vor-* voranstellst, entsteht ein neues Nomen mit einem anderen Sinn.

Vorsilbe		*Nomen*		*neues Nomen*
ent-	+	Wurf	=	**Ent**wurf
vor-	+	Schlag	=	**Vor**schlag

Wenn du an ein Adjektiv, Nomen oder Verb die Wortbausteine *-heit, -in, -keit, -nis, -schaft, -ung* hängst, entsteht ein Nomen.

Adjektiv oder Nomen		*Nachsilbe*		*neues Nomen*
frei	+	-heit	=	Frei**heit**
Mann	+	-schaft	=	Mann**schaft**

Neue Verben kannst du bilden, indem du Vorsilben wie *ver-, vor-, zer-, be-, an-, ab-, um-* hinzufügst.

Vorsilbe		*Verb*		*neues Verb*
ver-	+	laufen	=	**ver**laufen
be-	+	nennen	=	**be**nennen
um-	+	rühren	=	**um**rühren

Aus Verben und Nomen werden Adjektive, wenn du die Endungen *-ig, -lich, -isch, -bar, -haft, -los, -sam* anhängst.

Verb, Nomen		*Nachsilbe*		*Adjektiv*
essen	+	-bar	=	ess**bar**
Herbst	+	-lich	=	herbst**lich**

Die Vorsilbe *un-* verändert einige Adjektive in ihr Gegenteil:

Vorsilbe un-		*Adjektiv*		*Gegenteil*
un-	+	sportlich	=	**un**sportlich
un-	+	bequem	=	**un**bequem

Zusammengesetzte und abgeleitete Wörter bilden jeweils mit den ursprünglichen Wörtern eine Wortfamilie.

Bei der Wortfamilie *fahren* kannst du das gut erkennen. Du siehst hier, dass der Wortstamm bei Ableitungen und Zusammensetzungen erhalten bleibt:
Fähre, **Fahr**bahn, **Fahr**erin, **Fähr**te, Ab**fahr**t, Bus**fahr**er, Ge**fähr**te, auf**fahr**en, ge**fähr**lich

Tipp

Übrigens: Es gibt große und kleine Wortfamilien. Die Wortfamilie „fahren" ist besonders groß.

Klasse 2

Aussage-, Ausrufe- und Aufforderungssätze

Es gibt verschiedene Arten von Sätzen, mit denen du deine Absichten mitteilst.

Mit **Aussagesätzen** kannst du etwas erzählen, erklären oder berichten. Am Ende setzt du einen Punkt. Das Verb steht hier immer an der zweiten Stelle. Achtung: Die zweite Stelle ist nicht immer das zweite Wort!

Mit **Ausrufesätzen** kannst du etwas besonders betonen und zum Beispiel Freude, Ärger oder Erstaunen zum Ausdruck bringen. Am Ende setzt du ein Ausrufezeichen.

Mit **Aufforderungssätzen** bittest du jemanden oder forderst ihn auf, etwas zu tun. Dazu verwendest du die Befehlsform des Verbs, die hier an der ersten Stelle steht. Hierbei steht je nach Dringlichkeit am Ende ein Punkt oder ein Ausrufezeichen.

Aussagesatz:
- Ich fliege morgen nach Italien.
- Die jungen Hunde liegen im Korb.

Schlag dazu auch auf Seite 42 nach.

Ausrufesatz:
- Brr, ist das nass!
- Vorsicht, da kommt ein Auto!

Aufforderungssatz:
- Gib mir das Buch.
- Gib mir sofort das Buch!

Fragesätze

Klasse 2

Mit **Fragesätzen** willst du etwas erfahren, was du noch nicht weißt. Am Ende eines Fragesatzes steht ein Fragezeichen. Es gibt zwei Arten von Fragen:

- Die **Ja- / Nein-Fragen,** die eine Entscheidung möchten. Hier steht das Verb am Satzanfang. Die Antwort lautet *ja, nein* oder *vielleicht.*
- Die **W-Fragen,** die nach Einzelheiten fragen. Das Verb steht hier immer an der zweiten Stelle. Du fragst mit *wer, was, wo, wohin, wann, wie, warum, wen, wem, welche / r / s ...*

Schlag dazu auch auf Seite 42 nach.

Ja- / Nein-Fragen:

- **Magst** du Gedichte**?** Ja.
- **Kommt** ihr mit**?** Nein.
- **Gehst** du in den Zoo**?** Vielleicht.

W-Fragen:

- **Wann** gehst du los**?** Ich gehe um 8 Uhr.
- **Wo** wohnt Frederik**?** Er wohnt in Berlin.
- **Wie** war das Wetter**?** Es war sonnig.

Klasse 3

Was sind Satzglieder?

Ein Satz besteht aus **mindestens zwei Satzgliedern.** Satzglieder sind Wörter oder Wortgruppen. Diese können im Satz umgestellt werden, ohne dass sich der Sinn ändert.

Wenn du ein Satzglied besonders hervorheben willst, kannst du es an den Anfang stellen.

[Gestern Morgen] [traf] [ich] [meine Freundin Lisa].

[Meine Freundin Lisa] [traf] [ich] [gestern Morgen].

[Ich] [traf] [gestern Morgen] [meine Freundin Lisa].

Die Maus hat einen Tipp für dich auf den Seiten 146 und 147.

Wenn du den Sinn eines Satzes verändern willst, kannst du Satzglieder weglassen oder durch andere Satzglieder ersetzen.

[Ich] [traf] [Alex] [gestern Morgen] [im Kaufhaus].

[Ich] [traf] [Alex] [gestern Morgen].

[Ich] [traf] [Alex].

[Ich] [traf] [Alex] [im Kaufhaus].

Subjekt

Klasse 3 4

Das Subjekt wird auch Satzgegenstand genannt.
Es steht immer im Nominativ, also im Wer-Fall.
Das Subjekt sagt uns, **wer oder was etwas tut.** Es besteht aus einem oder mehreren Wörtern, meistens aus Nomen (mit Artikel) oder einem Pronomen.

Der Hund schläft im Korb.
Wer oder was schläft im Korb?
Antwort: Der Hund.

Schlag dazu auch auf den Seiten 50 und 51 nach.

Ein Subjekt besteht aus ...

Nomen + Artikel:	Die Maus hat heute Geburtstag.
Pronomen:	Sie feiert mit ihren Freunden.
mehreren Wörtern:	Mein Bruder und ich sehen der Maus beim Feiern zu.

Das Subjekt steht nicht immer am Anfang eines Satzes:

- Im Garten spielen die Kinder.
- Gestern ging Simon zum Markt.

Klasse 3 4

Prädikat

Das Prädikat wird auch Satzaussage oder Satzkern genannt. Es sagt uns, **was geschieht oder was jemand tut.** Es besteht aus der Personalform eines Verbs. Das Prädikat richtet sich in Person und Anzahl nach dem Subjekt. Es bildet den Kern eines Satzes.

Kai angelt.
Was tut Kai?
Er angelt.

Heute schneit es.
Was geschieht?
Es schneit.

Ein Prädikat richtet sich immer nach dem Subjekt:
- Du schwimmst.
- Die Boote liegen am Steg.

Schlag dazu auch auf den Seiten 68 und 69 nach.

In Aussagesätzen und in Sätzen mit W-Fragen steht das Prädikat immer an der **zweiten Stelle.**

In Aufforderungssätzen und in Ja-/Nein-Fragen steht es immer an der **ersten Stelle.**

Aussagesatz	Max reitet auf dem Pony.
W-Frage	Wer füttert den Hund?
Aufforderungssatz	Lies bitte lauter!
Ja/Nein-Frage	Kommst du gleich?

Klasse 4

Einteiliges und zweiteiliges Prädikat

Manchmal bestehen Prädikate aus zwei Teilen.
Dann bilden diese Teile eine **Satzklammer.**
In zwei Teile zerlegt werden können ...

- zusammengesetzte Verben
- Verben mit einer abtrennbaren Vorsilbe
- Verben im Perfekt und Futur
- Verben mit *wollen, können, dürfen, müssen.*

zusammengesetzte Verben	Paula **lässt** die Tasche **liegen.**
abtrennbare Vorsilbe	Tina **gibt** den Brief **ab.**
im Perfekt	Pit **hat** den Film **gesehen.**
im Futur	Ich **werde** dich **besuchen.**
Verben mit wollen, können, dürfen, müssen	Wir **wollen** erst später **kommen.** Mia **kann** Klavier **spielen.** Jan **muss** nach Hause **gehen.**

Bei zusammengesetzten Verben musst du auf die Betonung achten. Nur, wenn die erste Silbe betont wird, entsteht ein zweiteiliges Prädikat.

durch**brechen* *durch**brechen	Der Mann brach den Stock **durch.** Der Bulle durch**brach** den Zaun.
über**setzen* *über**setzen	Der Fährmann setzte sofort **über.** Lisa über**setzte** den Text.

Klasse 4

Satzergänzungen im Dativ und Akkusativ

Die meisten Sätze bestehen nicht nur aus Subjekt und Prädikat, sondern sie haben auch eine **Ergänzung: das Objekt.** Objekte sind eng an das Verb gebunden.

Diese Satzergänzungen können aus einem oder mehreren Wörtern bestehen. Meistens bestehen sie aus Nomen (mit Artikel) oder einem Pronomen.

Mit **Wem?** fragst du nach der Ergänzung im 3. Fall. Sie wird **Dativobjekt** genannt.

Mit **Wen oder was?** fragst du nach der Ergänzung im 4. Fall **(Akkusativobjekt).**

Ein Objekt besteht aus ...

Nomen:	Der Junge trifft	seinen Onkel.
Pronomen:	Lars kennt	ihn.

Dativobjekt:
Ulla hilft ihrem Bruder.
Wem hilft Ulla?
Sie hilft ihrem Bruder.

Akkusativobjekt:
Lia kennt Jans Mutter.
Wen oder was kennt Lia?
Jans Mutter.

In manchen Sätzen findest du auch beide Ergänzungen, das Dativ- und das Akkusativobjekt:

	Dativobjekt	*Akkusativobjekt*
Markus gibt	uns	einen Apfel.
Marie leiht	ihrem Bruder	drei Bücher.

Klasse 4

Umstandsbestimmungen

Umstandsbestimmungen sind Satzglieder, die uns Näheres über die Umstände eines Geschehens sagen. Sie machen Aussagen über Ort, Zeit, Art und Weise und Grund eines Geschehens. Sie heißen auch **adverbiale Bestimmungen** oder Orts-, Zeit-, Art- und Grundangaben.

Die Angaben geben Antwort auf folgende Fragen:

Wo? Woher? Wohin?	*Ortsangabe*
Wann? Wie lange? Seit wann?	*Zeitangabe*
Wie? Auf welche Art und Weise?	*Angabe der Art und Weise*
Warum? Weshalb? Wozu?	*Angabe des Grundes*

Gestern	tanzte die Maus	im Park	wild	vor Freude.
Wann? (Zeit)		Wo? (Ort)	Wie? (Art)	Warum? (Grund)

Klasse 4

Schlag dazu auch auf Seite 43 nach.

Verknüpfte Sätze

Mit Bindewörtern und Kommas kannst du einzelne Sätze miteinander verbinden.

Zwei Hauptsätze kannst du mit *und, oder, aber, denn, sondern* verbinden.

Vor *und* und *oder* kannst du ein Komma setzen (musst es aber nicht tun). Vor *aber, denn* und *sondern* musst du ein Komma setzen.

Hauptsatz	+	*Hauptsatz*
Ich gehe ins Theater	**und**	Sophia geht ins Kino.
Gehst du einkaufen	**oder**	spielst du Fußball?
Lutz kauft Käse**,**	**aber**	er isst ihn nicht.
Annie liebt Zoos**,**	**denn**	sie mag Tiere.
Ich schreibe nicht**,**	**sondern**	ich lese.

Nebensätze verbindest du mit einem Komma und Bindewörtern wie *weil, als, dass, wenn, obwohl, während* mit einem Hauptsatz. Im Nebensatz steht das Verb immer am Ende.

Hauptsatz	+	*Nebensatz*
Vivian hofft**,**	**dass**	Tim kommt.
Julian war traurig**,**	**als**	sein Freund wegzog.

Klasse 3 4

Wörtliche Rede und Begleitsatz

In der wörtlichen Rede werden gesprochene oder gedachte Sätze im Wortlaut wiedergegeben. Die wörtliche Rede wird immer in **Anführungszeichen** gesetzt. Diese stehen am Ende immer nach den Satzzeichen.

Der **Begleitsatz** sagt uns, wer spricht. Er kann vor, zwischen und hinter dem Redesatz stehen.

Ist der Begleitsatz vorangestellt, endet er mit einem Doppelpunkt:
- Tina sagt: „Ich fahre morgen weg."
- Rolf fragt: „Wann gehen wir los?"
- Rita ruft: „Ulla, spiel mit uns!"

Ist der Begleitsatz nachgestellt, wird er immer durch ein Komma abgetrennt. Der Punkt fällt hier weg:
- „Morgen besuche ich Opa", sagt Florian.
- „Hilf mir bitte, schnell!", ruft Klaus.
- „Warum kommst du so spät?", fragt Maria.

Ist der Begleitsatz in die wörtliche Rede eingeschoben, wird er durch Kommas abgetrennt:
- „Aber", erklärt Judith, „wir müssen leise sein."
- „Hallo", ruft Clara, „ich sehe dich!"
- „Wann", fragt Paula, „kommen wir endlich an?"

Klasse

1 2 3 4

Erzähl- und Sachbücher

Lesen lernt man nur durch Lesen. Wenn du lesen kannst, erfährst du alles, was du wissen willst. Und du kannst jede Menge Spaß haben mit Büchern und Texten aller Art.

Bilderbücher

In Bilderbüchern findest du wenig Text, dafür aber viele Bilder. Sie eignen sich besonders gut für kleine Kinder und Leseanfänger.

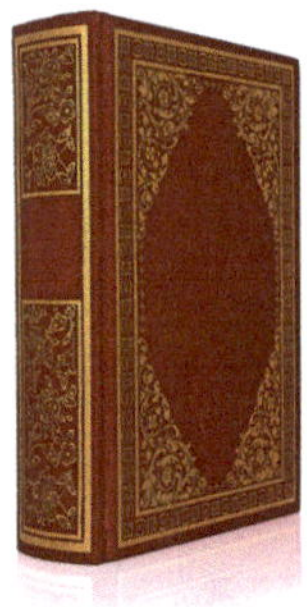

Märchenbücher und Abenteuerbücher

Märchenbücher und Abenteuerbücher sind interessant und spannend. Sie führen den Leser in fremde und geheimnisvolle Welten.

Krimis, Detektiv- und Gespensterbücher

Diese Bücher können sehr aufregend, manchmal sogar richtig gruselig und unheimlich sein.

Sachbücher

Sachbücher informieren in kurzen, aber auch in längeren Texten über die verschiedensten Sachthemen.

Wörterbücher, Atlanten, Lexika

Hier kannst du dir eine Menge Informationen zu allen Themen, die dich interessieren, finden. Die Informationen sind kurz und meistens nach dem Alphabet geordnet.

Koch-, Mal- und Bastelbücher

Darin findest du tolle Rezepte zum Kochen und Backen, Tipps zum Malen und Anleitungen zum Basteln.

Klasse
2 3 4

Nachschlagewerke und Telefonbücher

Nachschlagewerke und Telefonbücher sind eine große Hilfe, da sie viele Informationen in kürzester Form anbieten.

Nachschlagewerke

Es gibt Nachschlagewerke oder Lexika, die zu den verschiedensten Themen Informationen enthalten, zum Beispiel zu Edelsteinen, Pflanzen oder Fahrzeugen.

Alle Begriffe sind nach dem **Alphabet** geordnet.
Die Erklärungen stehen neben den Begriffen.

Bilder, Skizzen, Diagramme und Tabellen ergänzen oft die Erklärungen.

Aber es gibt auch themengebundene Nachschlagewerke, zum Beispiel Länder- oder Tierlexika.

Schlag dazu auch auf den Seiten nach:
- Alphabet: 44
- Bilder, Skizzen, Diagramme, Tabellen: 91

Telefonbücher

In Telefonbüchern findest du die Telefonnummern der Menschen, die einen Telefonanschluss haben. Jede Stadt hat ihr eigenes Telefonbuch, das immer wieder überarbeitet wird und regelmäßig neu erscheint.

Darin kannst du nicht nur Anschrift und Vornamen eines Menschen finden, sondern oft auch die Faxnummer, die Handynummer oder den Beruf.

Alle Namen sind alphabetisch geordnet. Gleiche Nachnamen sind durch einen Strich ersetzt, ebenso der Wortteil *-straße.*

Klasse
3 4

So sind Bücher aufgebaut

Es gibt Bücher mit kurzen oder langen Texten. Andere Bücher haben gereimte oder ungereimte Texte, lustige oder spannende Texte. Trotz dieser unterschiedlichen Texte sind aber alle Bücher sehr ähnlich aufgebaut.

Auf der **Buchvorderseite** findest du den Titel des Buches und ein passendes Bild dazu, oft auch den Namen von Autor und Verlag.

Auf der **Rückseite** des Buches steht kurz der Inhalt, der sogenannte **Klappentext.** Er deutet den Inhalt nur kurz an, ohne den Schluss zu verraten. Er soll die Leser neugierig auf das Buch machen, damit sie Lust bekommen, es zu lesen.

Bevor der eigentliche Text beginnt, erfährst du, wer der **Autor** des Buches ist und wer die Bilder **gezeichnet** (illustriert) hat.

Im **Impressum** stehen der Verlag, der Ort und das Erscheinungsjahr des Buches.

Dann folgt oft ein **Inhaltsverzeichnis** mit den Kapitelüberschriften und den Seitenzahlen, möglicherweise auch ein **Vorwort** und schließlich der Text.

In Sachbüchern gibt es im Anhang **Schlagwortregister,** in denen alle wichtigen Wörter nach dem Alphabet geordnet sind. Dahinter stehen die Seitenzahlen. So kannst du die gesuchten Wörter schnell finden.

In diesem Buch findest du das Register auf den Seiten 178 bis 182.

So findest du Bücher für dich

Klasse
1 2 3 4

Bücherlesen macht Spaß! Und für jeden gibt es Bücher, die ihm Freude machen.

Bücher kannst du in einer **Buchhandlung** kaufen. Du bekommst sie aber auch im **Online-Buchhandel** im **Internet.** Dazu brauchst du einen Computer und die passenden Programme.

In der **Bibliothek** (Bücherei) kannst du Bücher für einige Wochen kostenlos ausleihen. Dafür musst du dir nur den nötigen Leseausweis besorgen, der meistens nichts oder nur wenig kostet.
Die Bücher sind dort nach Sachgebieten geordnet. Die Angestellten der Büchereien helfen dir gern beim Suchen. Dort stehen aber auch Computer bereit, in denen alle Bücher aufgeführt sind, die du in der Bibliothek finden kannst. Lass dir erklären, wie du sie mithilfe der Computer finden kannst.

Schlag dazu auch auf Seite 77 nach.

Such dir deine Bücher möglichst immer selbst aus, damit du auch wirklich das lesen kannst, was dir Spaß macht und was dich interessiert.

Klasse 3

Märchen und Comics

Märchen gehören seit Jahrhunderten zu den Geschichten, die die Menschen immer wieder gerne lesen. Comics gibt es dagegen erst seit Mitte des 19. Jahrhunderts.

Märchen

Märchen sind Erzählungen, die weder zu einer bestimmten Zeit noch an einem echten Ort spielen. Daher beginnen Märchen meist mit: *Es war einmal ...* In Märchen können Pflanzen und Tiere sprechen, und viele **wundersame Ereignisse** finden statt.

Die Zahlen drei, sieben und zwölf spielen oft eine wichtige Rolle. So hat jemand zum Beispiel drei Wünsche frei oder muss drei schwierige Aufgaben bewältigen.

Meistens steht ein **Held** oder eine Heldin im Mittelpunkt, die Aufgaben erfüllen müssen. Nur mithilfe geheimnisvoller Wesen wie Riesen, Zwergen, Hexen, Feen und Zauberer können sie diese Aufgaben lösen. Dadurch gelangen sie am Schluss zu einem langen Leben in Glück und Wohlstand. Jedes Märchen endet mit dem Satz: *Und wenn sie nicht gestorben sind, so leben sie noch heute.*

Jahrtausendelang wurden überall auf der Welt Märchen von Generation zu Generation mündlich weitererzählt. Im 19. Jahrhundert haben die Brüder Jacob und Wilhelm Grimm viele Märchen gesammelt und aufgeschrieben. Es entstanden die Märchenbücher.

Zu den besonders bekannten Märchen gehören:
- Hänsel und Gretel
- Frau Holle
- Schneewittchen
- Aschenbrödel

Comics

Comics sind **in Bildern erzählte Geschichten** mit sehr wenig Text. Meistens sind es Fantasiegeschichten. In Sprechblasen kannst du lesen, was die beteiligten Personen, Tiere oder Pflanzen sagen oder denken.

Außer Sprechblasen gibt es nur wenige Sätze, die das Geschehen begleiten.

Comics sind wegen der vielen Bilder sehr anschaulich und leicht zu verstehen. Oft sind es lustige und spannende Geschichten.

Besonders bekannte Comics sind die Geschichten von:
- Micky Maus
- Donald Duck
- Asterix und Obelix
- Tim und Struppi

Gute Comics machen besonders Leseanfängern großen Spaß, denn die geringe Textmenge ist gut zu überschauen. Besonders lustig ist es, die Sprechblasen mit verteilten Rollen zu lesen.

Klasse 4

Sagen und Schwänke

Außer Märchenerzählungen gibt es noch die spannenden Sagen und Schwänke, die über Jahrhunderte hinweg mündlich weitererzählt wurden.

Sagen

Sagen erzählen von **außergewöhnlichen Ereignissen,** die bestimmte Personen an einem echten Ort zu einer bestimmten Zeit erlebt haben. Aber ob sie sich wirklich so zugetragen haben, kann niemand genau sagen.

Die meisten Sagen spielen in vergangenen Zeiten, in denen bei uns Angst, Not und Unsicherheit herrschten. Die Menschen hielten damals Begegnungen mit außergewöhnlichen Mächten für durchaus möglich.

Noch heute findet man Spuren, die das Geschehen beweisen sollen. Manchmal ist es eine Ruine, manchmal nur ein Hügel oder ein besonderer Stein.

Besonders bekannte Sagen sind die von ...

- dem Rattenfänger von Hameln, der die Kinder dieser Stadt mit einer Flöte fortgelockt hat;

- der schönen Loreley am Rhein, die an zahlreichen Schiffsunglücken an einer besonders engen Stelle des Rheins schuld sein soll;
- den Nibelungen, deren großer Schatz bis heute nicht gefunden werden konnte.

Schwänke

Schwänke werden auch **Schelmengeschichten** genannt. Sie erzählen von den Schelmenstücken und Streichen, die an unfreundlichen Mitbürgern verübt wurden. Sie bringen den Leser zum Lachen.

Das Wort Schwank stammt von dem alten Wort *swanc* ab. Das bedeutet *Schwung, Streich, lustiger Einfall.*

Schwänke sind nicht so düster und unheimlich wie Sagen, sondern heiter und lustig. Sie erteilen ihre Lehren auf humorvolle Art.

Schwänke beweisen, dass unangenehme und schwierige Situationen mit **Humor** bewältigt werden können.

Zu den bekanntesten Schwänken gehören:
- die lustigen Geschichten von Till Eulenspiegel
- die komischen Geschichten der Schildbürger
- die haarsträubenden Geschichten von Münchhausen

Klasse 1 2 3 4

Fabeln und Gedichte

Fabeln und Gedichte sind meistens kurze gestaltete Texte. Sie haben eine besondere Form: Die Zeilen sind kurz und in **Strophen** angeordnet. Manchmal reimen sich die Wörter am Zeilenende.

Klasse 3 4

Fabeln

Fabeln gibt es schon seit Jahrtausenden. Das Wort *Fabel* stammt von dem lateinischen Wort *fabula* ab. Das heißt übersetzt *Rede, Erzählung.* Fabeln sind **kurze Erzählungen oder Gedichte.** Sie führen so schnell wie möglich zum Höhepunkt. Fabeln wollen dem Leser einen Rat geben, wie er sich am besten verhalten soll. Oft wird diese Lehre am Schluss deutlich ausgesprochen.

Hauptfiguren sind meistens **Tiere,** die aber wie Menschen denken, fühlen, reden und handeln.

Besonders bekannte Fabeln sind

- Die Grille und die Ameise (von La Fontaine)
- Der Rabe und der Fuchs (von Äsop)
- Der Fuchs und der Ziegenbock (von Äsop)

Gedichte

Gedichte sind Texte, die vom Dichter in eine besonders gestaltete Form gebracht worden sind. Der Dichter drückt in seinem Gedicht seine Gedanken, Gefühle und Stimmungen nicht nur durch den Inhalt, sondern auch durch die jeweilige Form aus.

Gedichte bestehen aus mehreren kurzen Zeilen, die man **Verse** nennt.

Oft enden diese Verse mit Wörtern, die sich reimen. Mehrere Verse bilden eine **Strophe.** Ein Gedicht kann eine oder mehrere Strophen haben.

Schlag dazu auch auf den Seiten 116 und 117 nach.

Gedichte können zu Liedern werden, wenn jemand eine schöne Melodie dazu erfindet.

Hier siehst du ein solch vertontes Gedicht.

Das Frühjahr

Jetzt fängt das schöne Frühjahr an
und alles fängt zu blühen an
auf grüner Heid und überall!

Es blühen Blümlein auf dem Feld,
sie blühen weiß, blau, rot und gelb;
es gibt nichts Schön'res auf der Welt.

Jetzt geh ich über Berg und Tal,
da hört man schon die Nachtigall
auf grüner Heid und überall.

(Volkslied)

Klasse 1 2 3 4

Unterschiedliche Sachtexte

Sachtexte sind Texte, die über **sachliche Themen** informieren. Du findest Sachtexte zum Beispiel in Zeitschriften, Zeitungen, Sachbüchern, Nachschlagewerken und im Internet.

Zeichnungen und Fotos erläutern oft zusätzlich die Inhalte.

Schlag dazu auch auf den Seiten 118 bis 127 nach.

Im **Internet** kannst du nicht nur Erzähl-, sondern auch Sachtexte zu fast allen Themen finden. Du öffnest eine der Suchmaschinen. Dann gibst du das Stichwort ein, über das du mehr wissen möchtest, und klickst auf *Suchen.*

www.blinde-kuh.de

www.trampeltier.de

Sachtexte können zum Beispiel sein:

- Reiseberichte
- Rezepte
- Anleitungen
- Gebrauchsanweisungen
- Beschreibungen von Landschaften
- Texte über Tiere und Pflanzen

In Sachtexten finden wir manchmal recht schwierige Fachausdrücke und auch viele Abkürzungen wie

bzw. = beziehungsweise
z.B. = zum Beispiel
kg = Kilogramm
l = Liter
TL = Teelöffel
usw. = und so weiter

Auch die folgenden Beispiele sind Sachtexte, obwohl sie ganz anders gestaltet sind als Texte in einem Buch, in einer Zeitschrift oder im Internet.

Sie geben dir Informationen zu bestimmten Themen, sind aber meistens von besonders zahlreichen Bildern, Skizzen oder Schaubildern begleitet.

Programme für Opern, Kinos, Theater

Programmblätter nennen Datum und Uhrzeit der Vorführungen und beschreiben ihre Inhalte.

Lagepläne, Flyer und Führer für Museen

Mit ihnen kannst du dich in Orten, Zoos, Museen orientieren. Sie zeigen dir, wo du was anschauen kannst.

Broschüren von Ferienorten

Mithilfe von Bildern und kurzen Texten werden Ferienorte vorgestellt.

Reiseprospekte von Reisebüros

Sie beschreiben die verschiedenen Arten von Reisen und Ferienzielen, die gebucht werden können.

Werbeplakate an U-Bahnwänden, Bauzäunen, Litfaßsäulen

Sie machen dich auf neue Produkte aufmerksam oder informieren über bestimmte Geschehnisse.

Klasse

1 2 3 4

Legenden von Wetterkarten und Lageplänen

Auf Wetterkarten und Lageplänen findest du ebenso wie auf Stadtplänen und Landkarten eine Legende. Sie erklärt die Abkürzungen, Zeichen und Nummern, sodass du die Karten und Pläne mühelos lesen kannst.

Wetterkarte mit Legende

Auf Wetterkarten findest du die **Symbole** für die verschiedenen Wetterverhältnisse. Diese werden in der jeweiligen Legende erklärt.

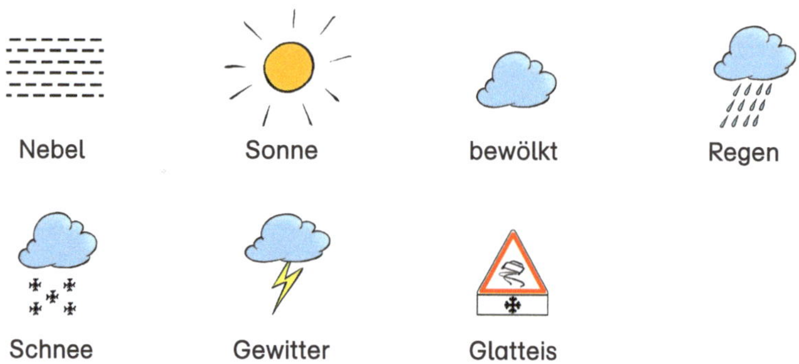

Lageplan mit Legende

Die Legenden von Lageplänen erklären die verschiedenen Zahlen und Zeichen.
Hier siehst du einen Plan der Insel Grünau:

Tabellen und Diagramme

Es gibt verschiedene Arten von Tabellen und Diagrammen. Sie ersetzen lange Texte auf anschauliche Art.

Tabellen

Sie ermöglichen einen schnellen Überblick. Mit **Zeitplänen,** die in Tabellenform gestaltet sind, kannst du einen längeren Zeitraum überblicken. Zeitpläne sind zum Beispiel Stunden-, Wochen-, Fahr- oder Veranstaltungspläne.

Diagramme

Es gibt verschiedene Diagrammarten. Sie geben einen guten Überblick über Zustände und Entwicklungen und ermöglichen schnelle Vergleiche.

Kurvendiagramme zeichnen Entwicklungen auf.

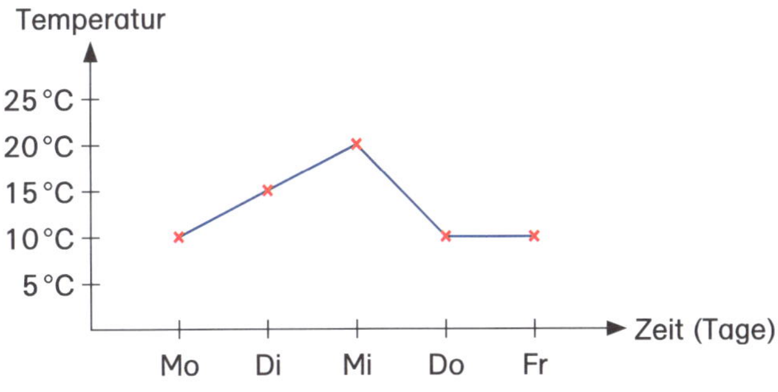

Säulen- und Kreisdiagramme zeigen besonders gut, wie sich etwas zusammensetzt, zum Beispiel die Bevölkerung einer Stadt.

Säulendiagramm

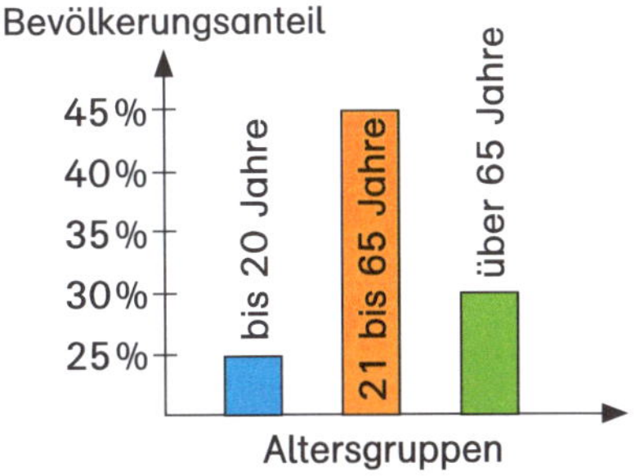

Kreisdiagramm

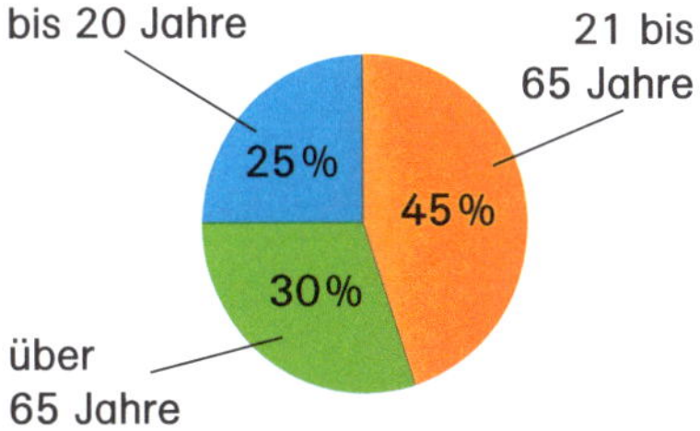

Klasse

3 4

Schlag dazu auch auf den Seiten nach:
- Überfliegen: 94
- Markieren: 95
- Zusammenfassen: 96 bis 103

Die Fünf-Schritt-Lesemethode

Wenn du einen Sach- oder Erzähltext verstehen und behalten willst, dann gehst du am besten in diesen **fünf Schritten** vor.

Vorbereitung

1. Du überfliegst den Text.
2. Du stellst Fragen an den Text.

Gründliches Lesen

3. Du verwendest Marker und Stift zum
   - Markieren,
   - Unterstreichen,
   - Notieren.

Inhalt zusammenfassen

4. Dadurch kannst du Informationen sichern. Dazu gibt es mehrere Möglichkeiten:
   - in wenigen Sätzen zusammenfassen
   - in einer Tabelle anlegen
   - einen Steckbrief erstellen
   - in einer Mindmap zusammenstellen
   - in Wortgruppen zusammenfassen
   - als Schaubild anlegen
   - in einer Skizze / Bild zusammenfassen

Mit eigenen Worten wiederholen

5. Das ist mithilfe der eigenen Zusammenfassungen nun recht einfach.

Die Fünf-Schritt-Lesemethode bei Broschüren

Mit dieser Fünf-Schritt–Lesemethode kannst du auch in den folgenden Sachtexten die für dich wichtigen Informationen gut finden.

- Plakate und Flyer für Zoos, Museen, Hotels ...
- Werbeflyer von Geschäften
- Broschüren von Ferienorten
- Programme für Theater, Fernsehen usw.
- Fahrpläne und Schaubilder
- Tabellen und Diagramme

Gerade diese Texte bieten meist sehr viele Informationen an, von denen du aber oft nur wenige brauchst. Die Einzelheiten sind meist nur durch gründliches Lesen zu verstehen.

Deswegen solltest du solche Texte besonders sorgfältig in dieser Reihenfolge erarbeiten:

1. überflieg die Texte,
2. prüf, ob sie deine Fragen beantworten,
3. lies sie sorgfältig und mach dir dabei Notizen,
4. fass sie zusammen,
5. wiederhol sie in eigenen Worten.

Tipp

So kannst du sicher sein, dass du die Informationen, die für dich wichtig sind, richtig verstanden hast und dass du sie behältst.

Klasse 3 4

Überfliegen

Wenn du im Internet oder in Büchern nach dem Text suchst, der dir bestimmte Informationen geben soll, gehst du am besten so vor:

Die Maus hat einen Tipp für dich auf Seite 149.

1. Du **überfliegst** den Text.
   Das heißt, du lässt die Augen schnell darüber gleiten. Dabei richtest du deinen Blick nicht nur auf einzelne Wörter, sondern jeweils möglichst auf den ganzen Abschnitt.
2. Während du so von Abschnitt zu Abschnitt springst, sollten dir die **Wörter auffallen,** die zu deinem Thema passen.
3. Wenn du mithilfe von **Fragen** an den Text erkannt hast, dass solche Wörter tatsächlich darin vorkommen, kannst du dich erst einmal beruhigt zurücklehnen. Der Text mit den wichtigen Informationen ist gefunden.

Mit dem Stift in der Hand lesen

Klasse 3 4

Gründlich lesen heißt, mit Textmarker oder mit Stift und Lineal in der Hand zu lesen.
So kannst du während des Lesens wichtige Textstellen, die **Schlüsselwörter,** markieren und Notizen an den Rand machen. Diese wichtigen Wörter heißen Schlüsselwörter, weil sie später in deinem Gehirn die richtigen *Schubladen aufschließen,* sodass du dich schnell wieder an den Textinhalt erinnerst.

Das Gelesene wirst du so besser verstehen und behalten können. Es sollten aber wirklich nur die wichtigsten Wörter auf diese Weise hervorgehoben werden.

… Heute gibt es in unseren Wäldern keine	Stimmt das?
frei lebenden Wölfe mehr.	
Der Mensch, ihr größter Feind,	!
hat sie ausgerottet. Heute leben nur noch	Wort?
wenige Wölfe in einsamen Gegenden wie	!
zum Beispiel Sibirien oder Alaska …	Wo?

Die Notizen am Rand können Wörter, Ausrufe- oder Fragezeichen sein. Du setzt sie dort, wo du …
- dir etwas besonders gut merken willst
- etwas ergänzen willst
- etwas nicht verstanden hast
- noch mehr erfahren willst

Tipp

Unterstreichen, markieren oder am Rand beschriften darfst du natürlich nur in deinen eigenen Büchern, niemals in geliehenen.

Klasse 3 4

W-Fragen stellen

Fragen helfen dir, Texte zu verstehen und sie mit deinen eigenen Worten zusammenzufassen. Dabei ist es egal, ob es sich um Erzähltexte oder Sachtexte handelt.

Du stellst einem Text die Fragen, die du von ihm gerne beantwortet haben möchtest. Da diese Fragen meistens mit *W* beginnen, heißen sie **W-Fragen.**

Die Antworten kannst du dann als Zusammenfassung aufschreiben. So merkst du dir das Gelesene besser und kannst es auch immer wieder in deiner Kurzform nachlesen.

W-Fragen bei Sachtexten

Zirkus Adler in Düsseldorf

vom **1. September bis Oktober 2014** auf der **Rheinwiese**

Vorstellungen täglich: **15 – 17 Uhr,**
20 – 22 Uhr.

Eintrittspreise auf **allen** Plätzen:
nachmittags pro Person: 10 €,
abends pro Person: 15 €.

Zirkuscafé und Zirkusmuseum
täglich geöffnet von 13 – 22 Uhr.

Fragen, die dir bei diesem Plakat das Wichtigste erschließen:

- Wo …?
- Wann …?
- Von wann bis wann …?
- Wie viel kostet …?
- Was gibt es an Besonderem?

W-Fragen bei Erzähltexten

Auch bei Erzähltexten mit ihren vielen Einzelheiten bietet es sich an, W-Fragen an den Text zu stellen.

Dabei ist es egal, ob es sich um ein langes Märchen oder um eine kurze Erlebnisgeschichte handelt.

Das fragst du bei einem Erzähltext:
- Wo spielt die Geschichte?
- Wann spielt sie?
- Was geschieht hier?
- Wie geschieht es?
- Welche Gedanken und Gefühle haben die Hauptfiguren?

Zusätzlich kannst du fragen:
- Gefällt mir die Geschichte?
- Warum gefällt sie mir?
- Warum gefällt sie mir nicht?

Die Antworten auf diese W-Fragen ergeben eine kurze **Zusammenfassung** des Textes, die du dir am besten aufschreibst.

Diese Zusammenfassung hilft dir, den Text besser zu behalten und ihn mit eigenen Worten zu wiederholen.

Klasse 3 4

In Abschnitte gliedern

Schwierige oder längere Texte teilst du am besten mit einem Stift in Abschnitte ein.

Du kannst diese Abschnitte am Rand mit **Nummern** versehen. Jedem Abschnitt kannst du eine **Überschrift** geben oder die Abschnitte jeweils in einem kurzen Satz **zusammenfassen.** Das hat drei **Vorteile:**

- Du behältst den Text besser.
- Auch Wochen später kannst du schnell nachlesen, was darin gestanden hat.
- Du kannst ihn mithilfe dieser Notizen besser mündlich oder schriftlich wiedergeben.

Kleintiere als Haustiere

Mäuse sind scheu, aber leicht zu zähmen. Du solltest sie lieber nicht frei herumlaufen lassen. Nachts sind sie richtig munter. Der Käfig muss mehrmals in der Woche gereinigt werden.	1. Mäuse leicht zu zähmen
Wellensittiche gibt es in vielen schönen Farben. Diese Vögel sind nicht gern allein. Deshalb ist es besser, wenn mehrere in einem Käfig zusammenleben.	2. Wellensittiche brauchen ihre Freunde
Ratten spielen gern. Sie sind klug und lernen schnell. Auch sie sind erst nachts munter.	3. Ratten sind klug und verspielt

Klasse 3 4

Als Steckbrief schreiben

Sachtexte über Menschen, Tiere oder Pflanzen behältst du besonders gut, wenn du das Wichtigste in einem Steckbrief **stichwortartig** zusammenfasst.

Schlag dazu auch auf Seite 126 nach.

Delfine

Delfine sind Meerestiere. Sie gehören zu der Familie der Zahnwale. Alle Delfine sind gesellig und neugierig. Sie leben oft mit Thunfischen zusammen und spielen auch gern mit Menschen. Sie ernähren sich vor allem von Fischen und Tintenfischen. Manche Delfinarten fressen aber auch Robben und Pinguine. Delfine sind 2–4 m lang. Sie sind hell bis dunkelgrau gefärbt. Sie sind gute Schwimmer und können auch hoch und weit springen. Man kann sie grunzen, quietschen und klicken hören.

Steckbrief von Delfinen

Lebensraum:	das Meer
Größe:	2–4 Meter
Nahrung:	Fische, Tintenfische, Robben, Pinguine
Aussehen:	hell- bis dunkelgrau
Besondere Eigenschaften:	Sie spielen mit Menschen. Sie können springen. Sie können verschiedene Laute hervorbringen.

Klasse 3 4

In einer Tabelle zusammenfassen

Das Wichtigste eines Textes in einer Tabelle anzulegen, ist eine weitere Möglichkeit, einen Text zusammenzufassen und zu behalten.

Tabellen eignen sich für verschiedene Textarten, besonders aber für die verschiedensten **Beobachtungen.**

Frühling auf den Rheinwiesen

Gestern war viel los auf den Wiesen am Rhein. Zahlreiche Insekten wie Hummeln, Bienen, Wespen summten um kleine Blumen herum. Käfer und Kaninchenkinder versteckten sich im Gras.

Von hoch oben spähten hungrige Bussarde nach kleinen Mäusen aus. Elstern und Krähen kämpften kreischend miteinander um ihr Jagdrevier. Maulwürfe in der Erde warfen mühsam ihre Hügel auf.

Kiebitze flogen so schwungvolle Loopings, dass die Hasen erschrocken ihre Haken schlugen und die bunten Fasane schnellstens ins Dickicht rannten.

Wer sich hier all die Tiere merken will, legt sich am besten eine Tabelle an.

Tiere auf den Rheinwiesen:

Insekten	*Vögel*	*Säugetiere*
Käfer Hummel Bienen Wespen	Bussard Elster Kiebitze Fasane Krähen	Mäuse Hasen Elefanten Maulwürfe

Als Schaubild festhalten

Klasse 3 4

Texte wie der folgende, in denen Lebewesen oder Dinge mit vielen Einzelheiten beschrieben werden, kannst du gut in einem Schaubild zusammenfassen.

Die Weinbergschnecke

Weinbergschnecken leben in Gärten, unter Hecken und in Wiesen. Der Körper der Tiere besteht aus Schale (Haus) und Weichkörper. Am vorderen Teil des Weichkörpers sind ein kleiner Kopf und ein mächtiger Fuß zu erkennen. Der Teil, der sich in der Schale befindet, enthält die Eingeweide.

Am Kopf erkennen wir einen Mund und zwei Paar Fühler. Die schwarzen Punkte am Ende des längeren Paars sind die Augen. Rechts unterhalb der Schale befindet sich das Atemloch, durch das die Schnecke atmet. Der Fuß ist eine breite Kriechsohle.

Klasse 3 4

In einer Mindmap sichern

Eine Mindmap ist eine Art **Gedankenlandkarte.** Mit Mindmaps kannst du die wichtigsten Wörter eines Textes gut geordnet aufschreiben. So hast du den Inhalt eines Textes in übersichtlicher Form festgehalten und kannst ihn jederzeit nachlesen.

Die Maus hat einen Tipp für dich auf Seite 153.

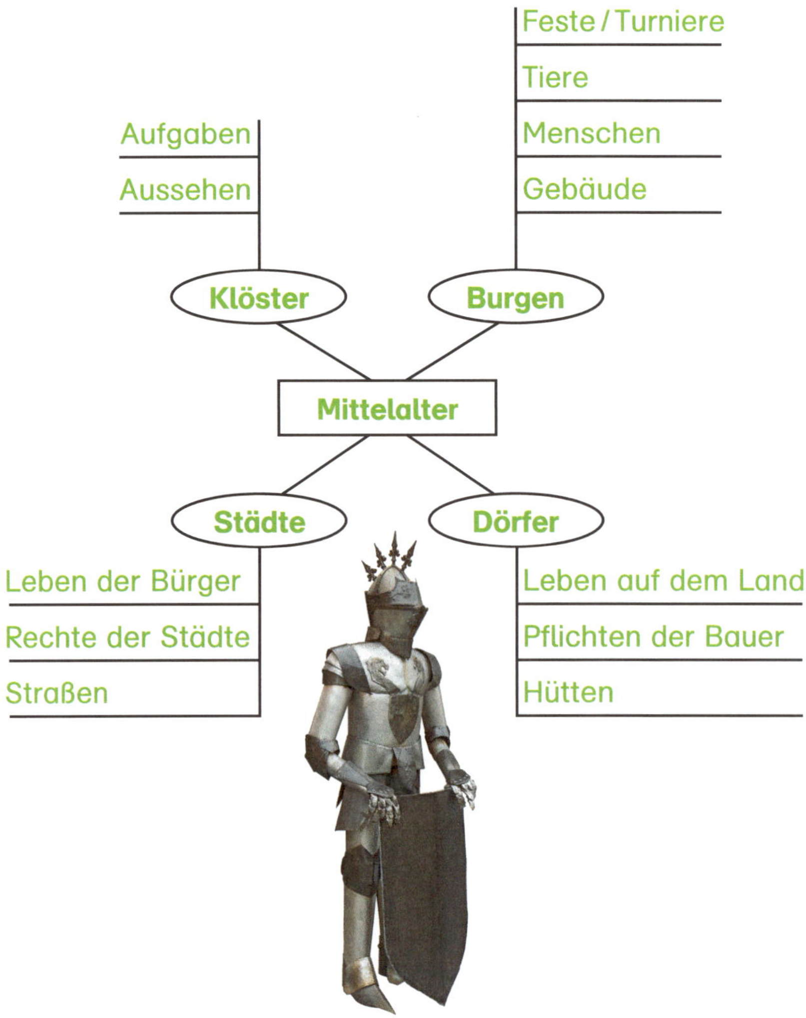

Klasse 3 4

In Wortgruppen notieren

Texte wie der folgende lassen sich gut in Wortgruppen anlegen. Auch so kannst du dir helfen, Texte besser zu behalten.

Seezeichen

Seeleute müssen bestimmte Zeichen und Signale geben und verstehen, damit sie ihre Schiffe sicher durch die Meere steuern können. Sie wissen, dass die rotweißen Leuchttürme auf Felsen stehen und vor Klippen warnen, dass Bojen verschiedenfarbig sind, schwimmen und vor Wracks und Untiefen warnen. Sie wissen auch, dass die roten Feuerschiffe dort auf dem Wasser schwimmen, wo kein festes Land für Leuchttürme ist. Und natürlich wissen sie auch, dass sie rechts an entgegenkommenden Schiffen vorbeifahren müssen.

Leuchttürme
- rotweiß
- stehen auf Felsen
- warnen vor Klippen

Feuerschiffe
- rot
- schwimmen
- statt Leuchttürme

Bojen
- verschiedenfarbig
- schwimmen
- warnen vor Wracks und Untiefen

Klasse
1 2 3 4

Gedichte und Geschichten vortragen

Gedichte aufzusagen oder Texte vorzutragen, kann ein wunderbares Geschenk sein. Es kostet nichts und macht viel Freude.

Folgende Tipps helfen dir, dass der Vortrag gelingt:

Schlag dazu auch auf Seite 77 nach.

- Wichtig ist vor allem **deutliches Sprechen** in angemessenem Tempo.
- Je nach **Stimmung** im Text solltest du laut, leise, fröhlich, traurig ... sprechen.
- Bei Satzzeichen kannst du eine **kurze Pause** machen. Das gibt dir Zeit, einen Blick auf die nächsten Wörter zu werfen oder die Zuhörer kurz anzuschauen.
- Beachte die wörtliche Rede und auch das Verb im Begleitsatz. Es verrät dir, wie du die Rede sprechen musst – geflüstert, gerufen, gelacht ...
- Beachte, dass manche Sätze nicht am Zeilenrand enden, sondern in der nächsten Zeile weitergehen.
- Besonders bei Gedichten ist es wichtig, dass du am **Versende** ganz normal weitersprichst, ohne jedes Mal die Stimme zu senken.
- Das Vortragen wird dir leichter fallen, wenn du dir im Text entsprechende Hinweise und Zeichen machst.

Bücher vorstellen

Klasse 3 4

Vielleicht ist es in deiner Schule oder in deiner Freizeitgruppe üblich, dass ab und zu Bücher vorgestellt werden dürfen. Wenn du auch ein Buch vorstellen möchtest, das dir besonders gut gefallen hat, könntest du so vorgehen.

1. Als Erstes nennst du den **Titel.**
2. Dann stellst du die **Autorin oder den Autor** vor. Vielleicht hast du im Internet Informationen über sie oder ihn gefunden? Gibt es weitere Bücher von ihr oder ihm?
3. Als Nächstes informierst du deine Zuhörer darüber, **wann** das Buch bei welchem **Verlag** erschienen ist.
4. Im Anschluss daran nennst du die **Personen,** den **Ort** und die **Zeit,** in der die Geschichte spielt.
5. Anschließend erzählst du so kurz wie möglich den **Inhalt.**
6. Möglicherweise gibt es eine kurze Stelle, die dir besonders gut gefallen hat. Diese könntest du dann vorlesen.
7. Zum Schluss teilst du den Zuhörern noch mit, warum dir das Buch gut gefallen hat.

Schlag dazu auch auf Seite 80 nach.

Klasse 3 4

Verschiedene Arten von Erzählungen

Sicher hast du schon gemerkt, dass es Spaß macht, Geschichten von tatsächlichen oder erfundenen Erlebnissen aufzuschreiben.

Hier siehst du die verschiedenen Arten von Erzählungen:

Erlebniserzählung	Du erzählst wirklich Erlebtes.
Fantasiegeschichte	Du denkst dir eine Geschichte aus.
Traumgeschichte	Du erzählst einen Traum.
Reizwortgeschichte	Du erfindest eine Geschichte zu zwei bis drei Reizwörtern.
Bildergeschichte	Du erzählst eine Geschichte zu Bildern.
Fortsetzungsgeschichte	Du erzählst eine angefangene Geschichte weiter oder zu Ende.
Nacherzählung	Du erzählst eine Geschichte mit deinen Worten nach.

brennendes Auto

Feuerwehr

Junge

Alle Erzählungen sollten **lebendig und interessant** geschrieben sein. Das gelingt dir, wenn du beschreibst, was die Personen erleben, aber auch, was sie sagen, denken, fühlen, sehen, hören, riechen und spüren. So können die Leser alles hautnah miterleben.

Erzählungen und ihre Teile

Klasse 3 4

Schriftliche Erzählungen werden alle nach demselben Muster aufgebaut. Sie bestehen aus **vier Teilen:** der Überschrift, der Einleitung, dem Hauptteil und dem Schluss.

Die Erzähllinie, der *rote Faden*, verbindet diese Teile miteinander.

Schlag dazu auch auf den Seiten 108 und 109 nach.

Überschrift	Diese muss zum Inhalt passen und neugierig machen, darf aber nichts verraten.
Einleitung	Sie steht am Anfang und ist kurz. Sie führt in das Geschehen ein.
Hauptteil	Das ist der längste und wichtigste Teil der Erzählung. Er enthält den Höhepunkt.
Schluss	Er sollte möglichst kurz sein und die Geschichte abrunden.

Klasse
3 4

Einleitung und Schluss

In der **Einleitung** wird die Ausgangssituation einer Geschichte kurz dargelegt.

Dazu solltest du hier die **vier W-Fragen** *Wer? Wo? Wann? Was?* beantworten.

Eine Einleitung soll:
- zum Hauptteil hinführen
- die Neugierde der Leser wecken, aber:
- nichts vom Geschehen verraten

Was für eine Überraschung!

Am letzten Sonntag wanderten mein Vater, Florian und ich einen Berghang hinauf. Die Sonne strahlte, und es wurde immer heißer.
...

In dieser Einleitung findest du die Antworten auf die vier W-Fragen. Sie stellt uns Personen, Ort und Zeitpunkt vor. Der letzte Satz weckt die Neugierde. Was wird gleich geschehen – etwas Spannendes? Etwas Unangenehmes?

Auch der **Schluss** sollte kurz sein. Er bezieht sich noch einmal auf die Überschrift und rundet die Geschichte mit einem oder zwei Sätzen ab.

...
Erfrischt und glücklich wanderten wir nach dieser seltsamen Überraschung nach Hause.

Der spannende Hauptteil

Klasse 3 4

Zwischen der knappen Einleitung und dem kurzen Schluss liegt der lange Hauptteil.

Im Hauptteil wird das Wichtigste erzählt.
Hier führst du den Leser in drei, vier oder mehr Erzählschritten zum **Höhepunkt.** Das ist die wichtigste Stelle der Geschichte. Sie ist besonders spannend oder überraschend.

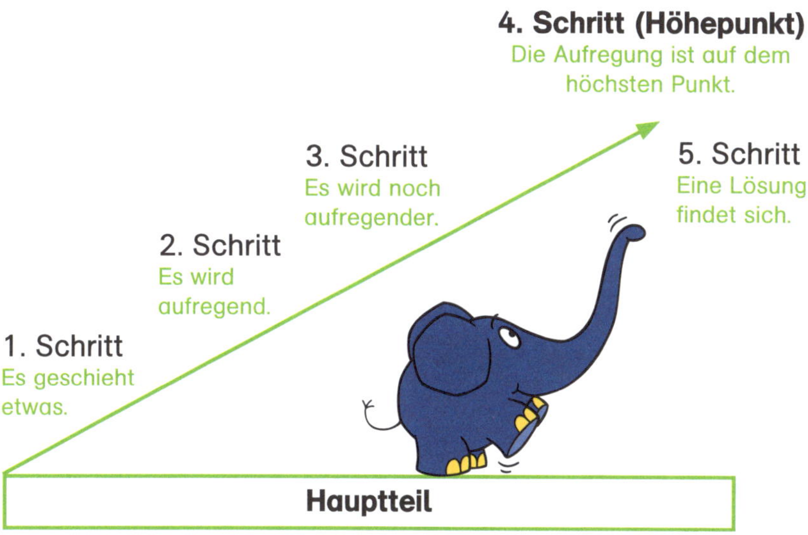

In den einzelnen Erzählstufen, vor allem aber auf dem Höhepunkt, muss genau erzählt werden, was die Personen spüren, sehen, hören, denken oder fühlen.
Das kannst du durch **wörtliche Rede,** durch **Ausrufe** und **Fragen** erreichen.
Je anschaulicher du Gedanken, Gefühle und Stimmungen schilderst, desto besser kann der Leser mitfühlen. Die Geschichte wird dadurch spannender und für den Leser gut nachvollziehbar.

Schlag dazu auch auf den Seiten nach:

- wörtliche Rede: 77
- Satzarten: 68 und 69

Klasse 3 4

Merkmale einer guten Erzählung

Deine Erzählung wird interessant, spannend und anschaulich, wenn du Folgendes beachtest.

- Die Geschichte und das Thema müssen zusammenpassen.
- Es wird nur **ein** Ereignis erzählt, da die Leser sonst verwirrt werden.
- Die Ereignisse müssen in der **richtigen Reihenfolge** geschrieben sein.
- Die Sätze sollten klar und gut verständlich sein.
- Wiederholungen von Wörtern und Satzanfängen sollten vermieden werden, sie sind für den Leser langweilig.
- Die einmal gewählte Ich-Form (ich gehe) oder Er-Form (er geht) muss beibehalten werden.
- Als Erzählzeit wird das **Imperfekt** verwendet. Auf dem Höhepunkt der Erzählung kann ausnahmsweise in das Präsens gewechselt werden, damit der Leser das Geschehen unmittelbarer erlebt.
- **Ausrufe, Fragen** und **wörtliche Rede** sollten verwendet werden, um damit die Gedanken und Gefühle der Personen mitzuteilen.
- Mit **treffenden Verben und Adjektiven** kannst du genau beschreiben.

Klasse 3 4

Fortsetzungsgeschichten

Bei Fortsetzungsgeschichten geht es darum, dass du eine angefangene Geschichte zu Ende erzählst. Deshalb muss dein Teil zu dem vorgegebenen Teil passen.

Folgendes solltest du bei Fortsetzungsgeschichten beachten:

- Du informierst dich zunächst, **wer** die Hauptfiguren sind, **wo** die Geschichte spielt, **wann** sie spielt und **was** bisher geschehen ist.
- Du übernimmst die Personen und den Ort des Geschehens.
- Du behältst die **Erzähl-Form** (Ich-Form oder Er-Form) bei.
- Du erzählst in **derselben Erzählzeit** weiter.
- Dein **Schluss** greift noch einmal das Thema auf und rundet die Geschichte mit einem oder zwei Sätzen ab.
- Du beachtest auch hier die Regeln für eine gute Erzählung.

Schlag dazu auch auf Seite 110 nach.

Klasse 3 4

Traum- und Fantasiegeschichten

Bei Traum- und Fantasiegeschichten kannst du deiner Fantasie freien Lauf lassen. Du kannst Figuren, Dinge und Orte **erfinden,** die es gar nicht gibt. Aber auch diese unmöglichen Sachverhalte müssen sinnvoll miteinander verbunden werden.

Folgendes solltest du bei Traum- und Fantasiegeschichten beachten:

- Es muss einen roten Faden in der Geschichte geben.
- Die Fantasiegeschichte kann im Präsens, Imperfekt oder Futur geschrieben sein.
- Die Traumgeschichte wird im Imperfekt erzählt.
- In der Traumgeschichte kehrst du am Schluss wieder in die Wirklichkeit zurück. Meistens ist es dort das plötzliche Aufwachen, das aus der Traumgeschichte herausführt.
- Bei Fantasie- und Traumgeschichten gelten die Regeln für eine gute Textgestaltung.

Schlag dazu auch auf Seite 110 nach.

Die Maus hat einen Tipp für dich auf Seite 156.

Fantasie und Traumgeschichten werden zwar besonders gut, wenn du sie planst, aber andererseits eignen sie sich sehr gut zum einfachen *Drauflos-Schreiben.* Wenn du das besonders gern machst, dann schreib solche Geschichten, denn auch dabei kannst du viel lernen.

Reizwortgeschichten

Klasse 2

Manchmal werden zwei, drei oder vier **Reizwörter** vorgegeben. Sie sollen deine Fantasie reizen, sich dazu eine Geschichte auszudenken.

Eine Reizwortgeschichte rankt sich um zwei oder mehr vorgegebene Wörter. Sie kann eine spannende, traurige, lustige oder auch unwahrscheinliche Geschichte sein. Die Reizwörter können je nach Absprache in beliebiger oder festgelegter Reihenfolge verwendet werden.

So verfasst du eine Reizwortgeschichte:

- Reizwörter bilden den roten Faden in der Geschichte.
- Jedes Reizwort muss für den Gang der Geschichte eine wichtige Rolle spielen.
- Die Reizwörter müssen **wortwörtlich** in der Geschichte vorkommen.
- Es dürfen nicht alle Reizwörter in einem einzigen Abschnitt untergebracht werden.
- Für Reizwortgeschichten gelten dieselben Regeln wie für eine gute Erzählung.

Schlag dazu auch auf Seite 110 nach.

Tipp

Prüf bei der Überarbeitung deines Textes auch, ob du alle Reizwörter verwendet hast.

Die Maus hat einen Tipp für dich auf den Seiten 154 und 155.

Klasse

2

Bildergeschichten

Eine Bildergeschichte ist eine **Erzählung in mehreren Bildern.** Jedes Bild stellt einen Ausschnitt aus einem Geschehen dar. Deshalb ist es auch wichtig, darüber nachzudenken, was zwischen diesen Bildern geschieht.

So verfasst du eine Bildergeschichte:

- Schau dir genau an, was du auf jedem einzelnen Bild siehst.
- Überleg, ob es einen **Zusammenhang** zwischen den Bildern gibt. Stell dir vor, was zwischen den Bildern geschieht.
- Alles, was du dazu erfindest, muss zum Sinn der Geschichte passen.
- Gib jeder Person einen Namen.
- Stell fest, wo die Personen sich aufhalten.
- Beachte genau, was sie gerade tun.
- Betrachte auch ihren Gesichtsausdruck und ihre Körperhaltung. Überleg dabei, welche Gedanken und Gefühle sie haben mögen.
- Schreib die Bildergeschichte in der richtigen Reihenfolge, denn der Leser muss die Geschichte verstehen können, ohne die Bilder selbst zu sehen.
- Hier gelten die Regeln, die auch für eine gute Erzählung wichtig sind.

Schlag dazu auch auf Seite 110 nach.

Klasse 4

Nacherzählungen

Bei Nacherzählungen wird der Inhalt eines Textes mit den **eigenen Worten** wiedergegeben.

Du kannst zum Beispiel Märchen, Sagen oder Fabeln nacherzählen.

Die folgenden Punkte helfen dir, eine gute Nacherzählung zu schreiben:

- Bei einer Nacherzählung hältst du dich eng an die Geschichte.
- Du erzählst nur das wirklich **Wichtige** und erfindest nichts hinzu.
- Um nichts zu vergessen, schreibst du als Erstes das Wichtigste der Geschichte **stichwortartig** auf.
- Du benutzt deine eigene Sprache und formulierst klare Sätze.
- Du verwendest als Erzählzeit das **Imperfekt.**
- Es gelten für die Nacherzählung dieselben Regeln wie bei jeder Erzählung.

Schlag dazu auch auf Seite 110 nach.

Tipp

Am besten schreibst du die Stichworte gleich in der richtigen Reihenfolge auf.

Klasse 2 3

Gereimte und ungereimte Gedichte

Schlag dazu auch auf Seite 87 nach.

Gedichte sind meistens kurze Texte, die besonders gestaltet sind. Mit ihnen kannst du deine Gefühle und Gedanken wiedergeben. Es gibt lustige und traurige Gedichte. Manche Gedichte reimen sich, andere nicht.

Wenn du ein Gedicht verfasst, entscheidest du, ob sich die Worte am Versende reimen sollen oder nicht. Du bestimmst auch, wie viele Strophen dein Gedicht haben soll.

Es gibt viele verschiedene Formen von Gedichten. Links siehst du ein kurzes Unsinnsgedicht **mit Reimen,** rechts ein Stimmungsgedicht **ohne Reime:**

Aua,
schreit der **Bauer,**
die Äpfel sind zu **sauer,**
die Birnen sind zu **süß,**
morgen gibt's **Gemüs'.**
(Volksgut)

Wie schön
die Sonne untergeht!
Türkis und rot der Himmel,
dunkelblau das Meer.
So endlos weit,
so endlos still!

Klasse 2 3

Akrostichon

Bei einem Akrostichon sind die Anfangsbuchstaben der Überschrift gleichzeitig die Anfänge der Verse. Der Inhalt des Akrostichons sollte zu diesem Wort passen.

SOMMER

S onnenschein
O bst in Fülle
M ehr Licht
M ehr Wärme
E rntezeit
R eich an Freude!

Klasse 2 3

Elfchen und Haikus

Elfchen bestehen immer aus **elf Wörtern.** Du kannst damit zum Beispiel über Lebewesen, Farben, Formen und auch gut über deine Gefühle sprechen.

Hier siehst du ein Elefant-Elfchen:

Elefant,
mein Tollpatsch
neugierig und lustig.
Ich mag dich gern,
Freund!

1. Zeile – 1 Wort: Du nennst das Lebewesen.
2. Zeile – 2 Wörter: Du sprichst es an.
3. Zeile – 3 Wörter: Du sagst etwas über das Lebewesen.
4. Zeile – 4 Wörter: Du sprichst zu ihm.
5. Zeile – 1 Wort: Du schreibst ein Abschlusswort.

Eine weitere Gedichtform ist das Haiku. Haikus kommen aus Japan. Sie handeln meist von der Natur, bestehen aus **17 Silben in drei Zeilen.** Manchmal haben sie eine Überschrift.

Wir Freunde so treu.
Wir lernen, lachen und ru'hn.
Haben viel zu tun!

Klasse 3

Informierende Texte

Sachtexte sind zum Beispiel **Berichte, Beschreibungen, Anleitungen** oder **Rezepte.**

Mit Sachtexten willst du die Leser nicht unterhalten, sondern zum Beispiel über Menschen, Tiere oder Dinge informieren. Deine persönliche Meinung gehört bei Sachtexten deshalb nicht dazu.

Schlag dazu auch auf den Seiten nach:
- Bücher finden: 81
- unterschiedliche Sachtexte: 88 und 89

Bevor du einen Sachtext schreiben kannst, sammelst du erst einmal die nötigen **Informationen.**

Diese findest du in Sachbüchern, Lexika, Zeitschriften, und im Internet. Sachinformationen erhältst du aber auch durch Gespräche (Interviews) oder durch Radio- und Fernsehsendungen.

Im **Internet** helfen dir Suchmaschinen beim Finden der richtigen Seiten. Dort gibst du dein Stichwort oder deine Frage ein, klickst auf *Suchen* und bekommst sofort eine Fülle von Informationen.

So legst du einen Sachtext an:

- Du wählst das **Thema** und die **Art** des Sachtextes aus.
- Dann suchst du die Informationen auf einem der links beschriebenen Wege.
- Aus den Informationen schreibst du dir die wichtigsten **Stichworte** zu deinem Thema auf.
- Dann erstellst du ein **Schreibgerüst,** das zu deinem Thema passt. Bei einem Tier könnte das zum Beispiel auch ein Steckbrief sein.
- Du achtest auf genaue Fachausdrücke, treffende Adjektive und passende Verben.
- Wichtig ist die richtige ***Reihenfolge.***
- Die Sätze sollten verschiedene Anfänge haben und abwechslungsreich gestaltet sein.
- Deine Sätze sollten kurz und klar sein.
- Da Informationen allgemeingültig sind, schreibst du Sachtexte im **Präsens.**
  Je nach Art des Sachtextes nimmst du die Grundform, die Personalform oder die Befehlsform.

Schlag dazu auch auf den Seiten nach:
- Art des Sachtextes: 88, 120 bis 127
- Informationsbeschaffung: 118
- Schreibgerüst: 99
- Zeitformen: 54

Die Maus hat einen Tipp für dich auf den Seiten 146 und 157.

Klasse 4

Gesprächsprotokolle

In einem Gesprächsprotokoll werden wichtige Inhalte eines Gespräches **stichwortartig** festgehalten. Auf diese Weise können sich Personen, die nicht an dem Gespräch teilgenommen haben, über die Inhalte informieren.

Die folgenden Punkte helfen dir, ein gutes Protokoll zu erstellen:

- Die **Anwesenden** werden mit Namen aufgeführt.
- Das **Datum** des Gespräches steht über oder unter dem Protokoll. So kann es mit keinem anderen Gesprächsprotokoll zu demselben Thema verwechselt werden.
- Ein Gesprächsprotokoll enthält das **Thema** oder die Frage, um die es in dem Gespräch ging.
- Es fasst die **Ergebnisse** stichwortartig zusammen.
- Diese müssen klar, sachlich und richtig sein.
- Persönliche Meinungen des Schreibers haben in einem Protokoll nichts zu suchen.
- Das Protokoll wird von dem Verfasser unterschrieben.

Berichte

Klasse 3 4

Berichte stellen ein zurückliegendes Ereignis dar.
Sie sind immer **kurz** und **sachlich.**

Berichte wollen nicht unterhalten, sondern informieren.

In einem Bericht musst du deshalb die folgenden **5 W-Fragen** beantworten:
- Was geschah?
- Wer war daran beteiligt?
- Wo passierte es?
- Wann geschah es?
- Wie geschah es?

So verfasst du einen Bericht:

- Berichte müssen **genau** und wahr sein. Es darf nichts hinzuerfunden werden.
- Sie müssen **knapp,** sachlich und in der **richtigen Reihenfolge sein.**
- In Berichten wird keine wörtliche Rede verwendet.
- Berichte werden im **Imperfekt** geschrieben. Das unterscheidet sie von den übrigen Sachtexten.
- **Genaue Wortwahl** und **treffende Ausdrücke** sind wichtig.
- Es dürfen keine persönlichen Meinungen oder Wünsche darin vorkommen.

Schlag dazu auch auf Seite 54 nach.

Klasse
3 4

Anleitungen und Rezepte

Anleitungen gibt es auf den verschiedensten Gebieten. Es gibt Anleitungen, die dir helfen, ein Gerät zu bedienen, ein Spiel zu spielen, etwas zu basteln oder zu reparieren. Auch Rezepte zum Kochen oder Backen sind Anleitungen.

So sehen gute Anleitungen und Rezepte aus:

- Sie haben eine **Überschrift.**
- Die benötigten Arbeitsgeräte sind **genau** benannt.
- Bei Rezepten sind die Zutaten, die Mengenangaben, die genaue Back- und Kochzeit und die Temperaturangaben **exakt** vorgegeben.
- Die einzelnen Arbeitsschritte sind in der **richtigen Reihenfolge** aufgeführt.
- Sie sind mit treffenden Verben und Adjektiven versehen. Damit kann sich der Leser alles besser vorstellen.
- Anleitungen werden lebendiger, wenn du unterschiedliche Satzanfänge verwendest, zum Beispiel:
  dann, anschließend, als Nächstes, danach, zum Schluss, als Letztes.

Da Anleitungen und Rezepte allgemeingültig sind, werden sie im **Präsens** geschrieben. Das kann die **Grundform** oder die **Befehlsform** sein. Die einmal gewählte Form muss aber beibehalten werden.

In diesem Rezept steht das Verb in der Grundform:

Schlag dazu auch auf Seite 52 nach.

Heiße Schokolade

1. Milch in einen Topf **gießen**
2. Schokolade **hineinbröckeln**
3. Alles vorsichtig **erhitzen**
4. Wenn die Schokolade weich wird, Milch mit dem Schneebesen **schlagen**
5. Alles aufkochen **lassen**
6. Heiße Schokolade in die Tassen **gießen**

In dieser Bastelanleitung steht das Verb in der Befehlsform:

Bemalte Kieselsteine

1. **Such** passende Kieselsteine am Fluss.
2. **Wasch** sie ab, und **lass** sie trocknen.
3. **Zeichne** die Umrisse mit schwarzer Farbe vor.
4. **Mal** sie mit kräftigen Deckfarben an.
5. **Lass** die Farben trocknen.
6. **Bestreich** zum Schluss die Steine mit Klarlack.

Bei der höflichen Anrede mit *Sie* lautet die Befehlsform:
suchen Sie, waschen Sie, zeichnen Sie

Klasse 3 4

Vorgangsbeschreibungen

Beschreibungen informieren über Lebewesen, Dinge und Vorgänge. Sie müssen genau und anschaulich sein, damit der Leser sich alles richtig vorstellen kann. Beschreibungen sind immer im **Präsens** geschrieben. Sie enthalten keine persönlichen Meinungen.

Anleitungen können auch als **Vorgangsbeschreibungen** geschrieben werden. Dazu kannst du die Ich-Form, Du-Form oder Er-Form wählen.

So sieht eine gute Vorgangsbeschreibung aus:

- Zunächst überlegst du dir eine passende **Überschrift.**
- Dann führst du die Materialien oder Zutaten und die Werkzeuge oder Geräte auf.
- Du verwendest dabei nur treffende Fachausdrücke.
- Dabei achtest du auch auf passende Adjektive und treffende Verben.
- Die einmal gewählte **Personalform** behältst du bei.
- Achte auf die richtige **Reihenfolge.**
- Vermeide gleiche Satzanfänge.
- Deine persönliche Meinung gehört hier nicht dazu.

Schlag dazu auch auf den Seiten 52 und 53 nach.

Mögliche Satzanfänge für Anleitungen und Vorgangsbeschreibungen sind zum Beispiel zuerst, danach, darauf, nun, jetzt, später, schließlich, zum Schluss.

Gegenstands- und Wegbeschreibungen

Klasse 3 4

Wer einen Weg oder einen Gegenstand beschreiben will, muss das so genau wie möglich machen. Nur dann kann der Leser sich das Beschriebene gut vorstellen.

Gegenstands- und Wegbeschreibungen stehen wie alle Beschreibungen im **Präsens.** Die Sätze sind kurz. Richtige Bezeichnungen und genaue Adjektive sind wichtig.

Gegenstandsbeschreibungen

Sie sind klar gegliedert und beschreiben zum Beispiel **vom Allgemeinen zum Besonderen** oder von außen nach innen. Zuerst beschreibst du den Gesamteindruck, das Material (Stoff, Glas ...), dann das Aussehen (Form, Größe, Farbe) und schließlich die Besonderheiten.

Schlag dazu auch auf Seite 59 nach.

Vergleiche können die Inhalte noch deutlicher veranschaulichen, zum Beispiel grau wie eine Maus oder hart wie Stein.

Wegbeschreibungen

Hier sind genaue Richtungen und Hinweise auf örtliche Auffälligkeiten (zum Beispiel eine Brücke, auffallende Gebäude) sehr hilfreich. Auch die richtige Reihenfolge ist hier besonders wichtig, wenn der Leser sein Ziel erreichen soll.

... Bei der Post biegst du nach rechts in den Schreinerweg. Du gehst weiter bis zur Fußgängerbrücke. Rechts davon siehst du dann die Martinskirche. Dort überquerst du ...

Klasse 3

Tierbeschreibungen

Wenn du Tiere beschreiben möchtest, gehst du vom **Gesamteindruck zu den Einzelheiten.**

Du beschreibst:
- den allgemeinen Eindruck
- das Aussehen
- die Art sich zu bewegen
- Besonderheiten und Vorlieben

Schlag dazu auch auf Seite 99 nach.

Du kannst einen ausführlichen Text über das Tier schreiben oder einen **Steckbrief** anlegen, wie hier im Beispiel:

Unser Hund Nero

Aussehen: ____________

Größe: ____________

Fell: ____________

Augen: ____________

Nahrung: ____________

Eigenheiten: ____________

Mit Vergleichen und zusammengesetzten Adjektiven hilfst du dem Leser, sich alles besonders gut vorzustellen. Das ist vor allem bei Verlustanzeigen wichtig.

Schlag dazu auch auf den Seiten 59 und 65 nach.

... Wir haben eine schneeweiße Katze. Nur mitten auf der Stirn hat sie einen Fleck, der ist so schwarz wie Tinte.

Sie bewegt sich so leise und geschickt wie ein Tiger ...

Personenbeschreibungen

Klasse

Bei Personen beschreibst du alle Einzelheiten so genau wie möglich. Dabei gehst du vom **Gesamteindruck zu den Einzelheiten.** Vorlieben und Eigenheiten darfst du erwähnen, aber deine persönliche Meinung gehört nicht hinein.

Bei Personenbeschreibungen sollte eine Reihenfolge eingehalten werden. Zum Beispiel:

- die Gesamterscheinung
- das Geschlecht
- das Alter
- der Körperbau
- die Größe
- die Haarfarbe
- das Gesicht (Farbe, Augen, Mund, Ohren, Nase)
- besondere Kennzeichen
- die Kleidung
- Vorlieben

Schlag dazu auch auf den Seiten 59 und 65 nach.

Vergleiche und zusammengesetzte Adjektive machen vieles besonders anschaulich, zum Beispiel pechschwarze Haare oder himmelblaue Augen.

Schlag dazu auch auf Seite 64 nach.

Zusammengesetzte Nomen helfen, die Dinge kurz und genau zu benennen, zum Beispiel Strickjacke, Armbanduhr.

Klasse 3 4

So sind Briefe aufgebaut

Mit Briefen, SMS, WhatsApp oder E-Mails kannst du Verwandte und Freunde über Erlebnisse informieren, ihnen Glückwünsche oder Einladungen zusenden. Übrigens kannst du in allen Briefarten die vertraulichen **Anredepronomen** *du, dich, dein, euch* ... groß- oder kleinschreiben.

Briefe, die mit der Post geschickt werden, brauchen einen **Umschlag.** Sie werden mit der Adresse des Absenders (oben links) und des Empfängers (Mitte rechts) beschriftet.

Der Brief selbst besteht aus ...

Ort und Datum	Köln, den 15. 06. 14
höflicher Anrede	Liebe Omi,
dem Brieftext (Der erste und der letzte Satz sollten sich direkt an den Empfänger wenden.)	es ist nun schon drei Wochen her, seit du bei uns warst. Hier ist herrliches Wetter. Leider war ich zwei Tage krank. Ich wüsste gerne, wann du uns wieder besuchen kommst.
dem Abschiedsgruß	Mit lieben Grüßen
der Unterschrift	deine Anna

Schlag dazu auch auf Seite 110 nach.

Wie bei allen anderen Texten ist es auch bei Briefen wichtig, dass du die Regeln einer guten Textgestaltung beachtest.

Bei **offiziellen** Briefen schreibst du Namen und Anschrift nicht nur auf den Umschlag, sondern auch auf den Briefbogen selbst. Das gilt zum Beispiel für Briefe an Ämter, Zoos oder Museen. Offizielle Briefe sollten immer **sachlich und höflich** sein.

Die **Anredepronomen** schreibst du in diesen Briefen groß, wie immer, wenn du an Personen schreibst, zu denen du *Sie* sagst. Deine Schrift sollte gut leserlich sein.

Nora Reichelt
Luegallee 7
40545 Düsseldorf

Düsseldorf, den 17. 05. 14

Sehr geehrter Herr Zoodirektor,

hiermit möchte ich mich bei Ihnen im Namen meiner Klasse dafür bedanken, dass Sie uns bei unserem Zoobesuch alles so toll erklärt haben. Das hat großen Spaß gemacht. Als Dankeschön haben wir für Sie ein Foto von unserem Zoobesuch beigelegt.

Mit freundlichen Grüßen

Nora Reichelt

Klasse 3 4

Einladungen

Einladungen kannst du als Text oder in Stichworten schreiben. In beiden Fällen müssen sie folgende Fragen beantworten:
- **Wer** lädt ein?
- **Wozu** wird eingeladen?
- **Wo** ist die Feier?
- **Wann** (Tag und Uhrzeit) ist die Feier?
- **Wie lange** dauert die Feier?

Ausführliche Einladung

Mainz, den 10. 10. 14

Lieber Kai,

hiermit lade ich dich zu meiner Geburtstagsfeier ein.
Sie findet am 20. 10. hier in der Rheinstr. 3 statt.
Sie beginnt um 15 Uhr und endet um 18.30 Uhr.
Sag bitte Bescheid, ob du kommen kannst.

Ich freue mich auf dich.
Liebe Grüße

Anna

Stichwortartige Gestaltung einer Einladung

Geburtstagsfeier von Anna Schmitz

Datum: 20. 10. 14
Uhrzeit: 15 – 18.30 Uhr
Ort: Mainz, Rheinstr. 3

Kommst du?
Gruß Anna

Briefe als E-Mails, WhatsApp und SMS

Klasse
3 4

Briefe kannst du auch als **E-Mails** schicken. Als **SMS** oder **WhatsApp** lassen sich am besten kurze Nachrichten versenden. Bei SMS, WhatsApp und E-Mail brauchst du weder das aktuelle Datum noch den Absender zu schreiben, da beides automatisch erscheint.

Schlag dazu auch auf den Seiten 128 und 129 nach.

Bei E-Mails gelten dieselben Regeln wie bei einem Brief, der mit der Post verschickt wird. Auch hier solltest du an eine **höfliche Anrede,** einen **freundlichen Abschiedsgruß** und an deine (getippte) **Unterschrift** denken.

Ausnahme ist natürlich die Anschrift. Wenn du eine Einladung oder einen Brief über das Internet verschicken willst, brauchst du eine **E-Mail-Adresse.** Tipp sie genau ab, es darf kein Buchstabe oder Punkt fehlen, sonst kommt die Nachricht nicht an oder erreicht einen anderen Empfänger mit ähnlichem Namen.

Besonders wichtig ist hier die **Betreffzeile.** Dort schreibst du so kurz wie möglich dein Anliegen oder dein Thema hinein. So würde zum Beispiel bei einer Einladung dort stehen: Geburtstagsfeier oder Gartenfest.

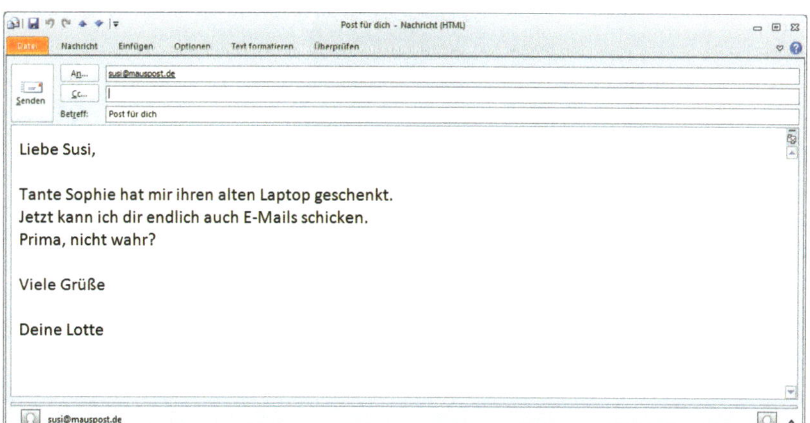

Post für dich - Nachricht (HTML)

Datei | Nachricht | Einfügen | Optionen | Text formatieren | Überprüfen

Senden

An...: susi@mauspost.de

Cc...:

Betreff: Post für dich

Liebe Susi,

Tante Sophie hat mir ihren alten Laptop geschenkt.
Jetzt kann ich dir endlich auch E-Mails schicken.
Prima, nicht wahr?

Viele Grüße

Deine Lotte

susi@mauspost.de

Klasse
1 2

Eigene Texte veröffentlichen

Wenn du einen Text geplant, geschrieben und überarbeitet hast, kannst du ihn veröffentlichen.
Das *Wie* und *Wo* hängt davon ab, was du damit machen möchtest. Hier sind einige Möglichkeiten.

Du kannst den Text ...
- deiner Geschichtensammlung hinzufügen
- mit anderen Texten zu einem Buch binden
- als Beitrag an die Klassen- oder Schülerzeitung geben
- als Brief gestalten und verschicken
- mit einem Bild schmücken und zum Beispiel verschenken
- auf einem Plakat gestalten und an eine Wand hängen
- vor Zuhörern vortragen

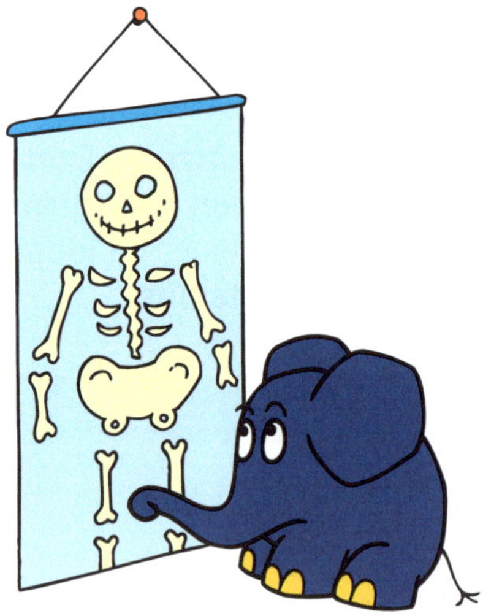

Eine Veröffentlichung vorbereiten

Klasse 3 4

In einem **Vortrag** (Referat) informierst du deine Zuhörer über ein bestimmtes Thema. Ein Vortrag sollte lebendig und anschaulich sein, damit dir alle gerne zuhören.

Damit dein Vortrag lebendiger wird, könntest du vorher einige **Zeichnungen, Schaubilder** oder **Tabellen** zu diesem Thema an die Wand hängen.

Wichtige Stichworte kannst du aufschreiben und während des Vortrags mit einem Overheadprojektor, Smartboard oder Whiteboard an der Wand zeigen.

Natürlich darfst du deinen Text ablesen, aber zwischendurch solltest du die Zuhörer anschauen, zum Beispiel nach einem Satz oder nach einem Abschnitt. Mach dir dazu Zeichen und Bemerkungen an diesen Textstellen.

So sollte deine Vorbereitung aussehen:

- Informationen zum Thema sammeln
- Text schreiben
- Zeichnungen, Schaubilder, Tabellen anfertigen
- Stichworte auf Folien schreiben
- Zeichen und Hinweise in den Text setzen
- Einleitungsworte (Begrüßung und kurzer Hinweis auf Textinhalt) notieren und lernen
- Schlusssatz hinzufügen (bedanken und darum bitten Fragen zu stellen), auswendig lernen
- Text mehrmals laut sprechen

Die Maus hat einen Tipp für dich auf Seite 151.

Klasse 2

Texte gestalten

Ein Text, der veröffentlicht wird, sollte fehlerfrei geschrieben und schön gestaltet sein. Wenn du den Text mit der Hand schreibst, achte darauf, dass du groß und deutlich schreibst.

Wenn du ihn mit dem **Computer** schreibst, kannst du alle Möglichkeiten der Gestaltung nutzen. Du kannst zum Beispiel die Schriftart, die Schriftfarbe und die Größe der Schrift auswählen. Aber sei sparsam mit den Gestaltungsmitteln, sonst wirken sie nicht.

Die **Größe der Schrift** richtet sich nach der Größe des Plakats oder Blattes und dem Platz, den du für deinen Text vorgesehen hast.

Wenn du auf einem Blatt ohne Linien schreibst, zeichne dir vor dem Schreiben mit Lineal und Bleistift ganz dünne Linien.

Wichtige Wörter solltest du farbig schreiben oder unterstreichen.

Die **Überschrift** könntest du größer schreiben als den übrigen Text.

Solltest du einen Fehler gemacht haben, ist das nicht schlimm. Du schreibst das Wort neu auf ein Stückchen Papier und überklebst damit das falsche Wort.

Du kannst deinen Text auf ein Plakat kleben und ihn mit **Fotos oder Bildern** verschönern.

Eigene Bücher herstellen

Klasse 1 2

Vielleicht möchtest du deine Geschichten oder Gedichte sammeln und sogar verschenken?

Wenn du sie auf lose Blätter schreibst, kannst du sie in **Sammelordnern** abheften. Auf die Rücken der einzelnen Ordner schreibst du jeweils das entsprechende Thema.

So könnten sie zum Beispiel lauten:
- Fantasie-Erzählungen, Mai 2014
- Feriengedichte, Juli 2014
- Tiergeschichten, Juni 2014

Du kannst die Blätter mit Bildern, getrockneten Blumen und Blättern schmücken, schließlich die Seiten nummerieren und dazu ein Inhaltsverzeichnis erstellen.

Wenn dir Ordner nicht gefallen, kannst du auch einige Geschichten mit einer **bunten Kordel zusammenbinden,** nachdem du vorne und hinten ein Deckblatt aufgelegt hast.

So vermeidest du Fehler beim Schreiben

Es gibt ein paar Tricks, die dir helfen, Fehler beim Schreiben zu vermeiden. Wenn du sie dir merken kannst, werden sie dir eine große Hilfe sein.

Langsam und deutlich mitsprechen

Achte auf die Laute, die kaum zu hören sind:	Spo**r**t, b**l**eiben, b**r**eit, wi**r**klich
Achte auf die Laute, die aus mehreren Buchstaben bestehen:	Na**cht, sp**ri**ng**en, **qu**er, li**nk**s, E**rbs**e
Achte auf die Endungen, vor allem bei Zusammensetzungen:	lern**en,** spät**er,** Gipf**el,** Fah**rr**ad, Be**ttt**uch

Wortarten erkennen

Dazu überprüfst du zunächst, ob das Wort am Satzanfang steht. Dann wird es ja auf jeden Fall großgeschrieben.

Als Nächstes überlegst du, um welche Wortart es sich handelt, ob es zum Beispiel ein Nomen oder ein Verb ist. Ein Nomen musst du großschreiben. Nomen kannst du an ihren typischen Endungen *(-heit, -keit ...)* erkennen.

Auf kurze und lange Vokale achten

Deutliches und halblautes Sprechen hilft dir dabei:	gähnen, knallen

Schlag dazu auch auf den Seiten nach:
- Großschreibung: 14
- Wortart: 46, 52 und 56
- Wortbildung: 64 bis 67
- lange und kurze Vokale: 20 bis 25

Endlaute verlängern

Wenn du nicht weißt, wie der Endlaut geschrieben wird, verlängere das Wort.

• Plural bei Nomen:	Ber**g** – Ber**ge**
• Grundform bei Verben:	er fan**d** – fin**den**
• Steigerungsform bei Adjektiven:	lie**b** – lie**ber**

Verwandte Wörter suchen

Das ist besonders hilfreich bei Wörtern mit ähnlichen Lauten:	H**äu**ser, H**au**s, h**äu**slich f**ah**ren, F**äh**re, gef**äh**rlich w**achs**en, Gew**ächs**haus

Schlag dazu auch auf den Seiten nach:
- Endlaute: 32 bis 34
- verwandte Wörter: 26 und 27
- Alphabet: 44

Gelernte Regeln anwenden

Versuch, dich bei Unsicherheiten an die Regeln zu erinnern, denn sie sagen dir, wie es gemacht wird.

Im Wörterbuch nachschlagen

Hierzu solltest du das Alphabet gut kennen. Mit ein bisschen Training im Herumblättern wirst du dann bald ganz schnell finden, was du suchst. Du kannst es auch als Wettspiel mit deinen Freunden üben.

Tipp

Wenn du unsicher bist, kannst du dir im Wörterbuch prima Hilfe holen.
Lies dazu auf Seite 139 nach.

So überprüfst du deinen Text am besten

Beim Überprüfen solltest du sorgfältig Schritt für Schritt vorgehen.

Lesen und Markieren

Lies den Text von vorne nach hinten und prüf:	• ob der Satz einen Sinn ergibt • ob ein Wort fehlt • ob ein Satzzeichen fehlt
Lies ihn von hinten nach vorne, also rückwärts, und prüf:	• ob kein Buchstabe fehlt • ob alle Buchstaben an der richtigen Stelle stehen
Markier oder unterstreich dabei die Wörter, bei denen du unsicher bist:	Kai liebt Rapmusik.

Fehler berichtigen

Streich das falsche Wort durch und schreib das richtige darüber:	Birnen Anna isst ~~Bienen~~.
Schreib den fehlenden Buchstaben darüber und mach einen entsprechenden Hinweis:	p ↓ Julian kauft Äfel.
Schreib das fehlende oder falsche Wort unter den Text und kennzeichne die Textstelle:	x Sie klettern ↓ den Hügel und kullern wieder hinunter. x auf

So schlägst du in einem Wörterbuch nach

Wenn du bei einem Wort unsicher bist, kannst du es in einem Wörterbuch nachschlagen. Dazu solltest du Folgendes wissen.

Die Wörter sind nach dem Alphabet geordnet. Manchmal musst du auf den zweiten, auf den dritten, ja sogar auf den vierten Buchstaben achten.	**F**ee **Fi**gur **Fil**m **Filt**er
Nomen werden im Nominativ Singular angeführt. Dann folgen der Artikel und die Endung des Genitivs (2. Fall), dann die Plural-Endung. Dabei ersetzt ein Strich das Wort oder die Vorsilbe:	Kat|ze, die; –; -n Vor|hang, der; -(e) s; -hänge
Senkrechte Striche zeigen dir, wo das Wort getrennt wird.	ver|lauf|en Win|ter|ja|cke
Unter kurzen Vokalen steht ein Punkt, unter langen ein Strich.	ge|sche|hen, hof|fen
Verben stehen immer in der Grundform.	ru|fen, tref|fen
Adjektive stehen immer in der Grundstufe.	klug, groß, ge|müt|lich

Schlag dazu auch auf den Seiten nach:

- Alphabet: 44
- Trennung: 40 und 41
- Nomen: 50 und 51
- Verben: 52 und 53
- Adjektive: 56 bis 58

Diese Rechtschreibübungen machen dich fit!

Hier sind ein paar Beispiele aufgeführt, die dir helfen, sicherer in der Rechtschreibung zu werden.

Laufdiktate bringen dich in Schwung

1. Leg einen kurzen Text auf die Fensterbank, einen Tisch oder einen anderen Platz, der von deinem Heft etwas entfernt ist. Du kannst ihn auch an die Wand hängen.
2. Lies einen Satz.
3. Lauf zu deinem Heft, und schreib den Satz auf.
4. So machst du es auch mit den anderen Sätzen.
5. Am Schluss vergleichst du deinen Text und die Textvorlage Satz für Satz und berichtigst die Fehler.

Dosendiktate sind was für Bastler

1. Schreib einen Text ab.
2. Schneide die einzelnen Sätze aus.
3. Leg sie geordnet vor dich auf den Tisch.
4. Lies den ersten Satz auf dem Streifen.
5. Steck diesen Streifen in die Dose.
6. Schreib diesen Satz nun komplett auf.
7. Wenn du alle Sätze geschrieben hast, vergleichst du sie mit der Vorlage und korrigierst die Fehler.

Auch Abschreiben ist eine gute Übung

1. Lies zuerst den ganzen Text.
2. Leg ein Lineal unter den Satz, den du abschreiben willst.
3. Teil diesen Satz in kurze Abschnitte. Sprich jeden Abschnitt halblaut vor dich hin.
4. Dann schreib ihn ab. So machst du es auch mit den nächsten Abschnitten.
5. Wenn du den ganzen Satz geschrieben hast, vergleich ihn mit der Vorlage. Verbessere sofort deine Fehler.
6. Wenn du fertig bist, vergleich deinen Text mit der Vorlage. Solltest du Fehler finden, verbessere sie.

Das Üben mit dem Karteikasten spart Zeit

Wörter, die dir immer wieder Schwierigkeiten machen, übst du am besten mit dem Karteikasten.

Der Karteikasten besteht aus fünf Fächern. Schneide dir passende Kärtchen oder Zettel. Auf die Vorderseite der Kärtchen schreibst du das Wort, das du lernen willst. Diese Zettel kommen in das Fach 1.

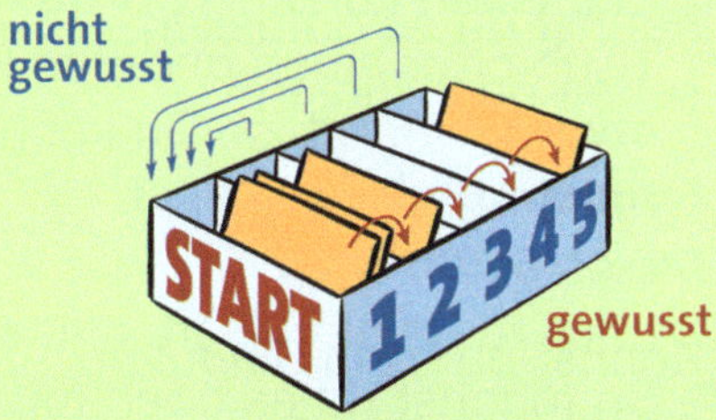

In dieses Fach schaust du jeden Tag hinein. Dann nimm den Zettel, lies das Wort, und schreib es auf.

Wenn du es richtig gemacht hast, wandert der Zettel ins Fach 2, später ins Fach 3 und so weiter. Wenn du einen Fehler machst, wandert er wieder zurück ins Fach 1.

Wenn die Wörter im letzten Fach angekommen sind, kannst du sie bestimmt schreiben. Dann darfst du diese Kärtchen wegwerfen.

So erkennst du schnell Wortarten

Mithilfe von Fragen kannst du herausfinden, zu welcher Wortart ein einzelnes Wort gehört.

Schlag dazu auch auf den Seiten nach:
- Nomen: 46
- Artikel: 47
- Singular / Plural: 48 und 49
- Endung: 66

So erkennst du ein Nomen:

Kannst du es anfassen, sehen oder fühlen?	der Tisch, die Freude, das Wetter, der Durst
Kannst du einen Artikel davorsetzen?	der Garten, die Wut, das Buch
Kannst du es in Singular oder Plural setzen?	der Stuhl – die Stühle, der Traum – die Träume
Hat es eine typische Nomen-Endung wie *-ei, -er, -heit, -in, -keit, -ling, -nis, -schaft, -ung?*	die Bäckerei die Klugheit die Malerin das Geheimnis

Tipp

Zwischen dem Artikel und dem Nomen kann auch ein Adjektiv stehen. Zum Beispiel:
Da rennt der schnelle Elefant.

So erkennst du ein Verb:

Kannst du das tun?	tauchen – du tauchst, springen – du springst
Kann das geschehen?	es regnet es donnert
Kannst du ein Personal-pronomen vor das Wort setzen?	ich lache du läufst er springt wir schreiben
Kannst du das Wort in verschiedene Zeitformen setzen?	ich male ich habe gemalt ich werde malen

Schlag dazu auch auf den Seiten nach:
- Verben: 52 und 53
- Zeitformen: 54 und 55

So erkennst du ein Adjektiv:

Sagt es dir, wie jemand oder etwas ist oder aus-sieht?	Kai ist klug. Das Gras ist grün.
Kann es zwischen einem Artikel und einem Nomen stehen?	ein alter Kater das hübsche neue Kleid
Kannst du es steigern?	gut – besser – am besten
Gibt es ein Gegenteil?	groß – klein
Endet es auf *-bar, -haft, -ig, -lich, -isch, -los, -sam?*	sonderbar, mangelhaft, windig, fröhlich, stürmisch, arbeitslos, achtsam

Schlag dazu auch auf den Seiten nach:
- Adjektiv: 56 und 57
- Steigerung: 58 und 59
- Ableitungen: 66 und 67
- Endung: 57

So kannst du Satzglieder erfragen

Schlag dazu auch auf den Seiten nach:
- Subjekt: 71
- Prädikat: 72 und 73
- Dativobjekt: 74
- Akkusativobjekt: 74

Du kannst die einzelnen Satzglieder erkennen, indem du nach ihnen fragst.

Wer oder was?	... fragt nach dem Subjekt
Was tut?	... fragt nach dem Prädikat
Wem?	... fragt nach der Ergänzung im Wem-Fall (Dativobjekt)
Wen oder was?	... fragt nach der Ergänzung im Wen-Fall (Akkusativobjekt)

So fragst du nach dem Subjekt

Anna findet Pilze im Wald.
Wer findet Pilze im Wald? Anna.

So fragst du nach dem Prädikat

Die Ente rechnet die Aufgaben sehr schnell.
Was tut Die Ente? Sie rechnet.

So fragst du nach dem Dativobjekt

Opa gab mir gestern einen Lolli.
Wem gab Opa gestern einen Lolli? Mir.

So fragst du nach dem Akkusativobjekt

Mia sieht ihren Freund.
Wen sieht Mia? Ihren Freund.

Mit diesen Fragepronomen erfragst du die Umstands-
bestimmungen:

Schlag dazu auch auf Seite 75 nach.

Wie? Wo? Wann? Warum?

Umstandsbestimmung des Ortes

Fabian und Toni spielen im Keller.
Wo spielen Fabian und Toni?
Im Keller.

Umstandsbestimmung der Zeit

Der Elefant backt morgen früh eine Torte.
Wann backt der Elefant eine Torte?
Morgen früh.

Umstandsbestimmung der Art und Weise

Tim sprach das Gedicht mit lauter Stimme.
Wie sprach Tim das Gedicht?
Mit lauter Stimme.

Umstandsbestimmung des Grundes

Florian und Laura klatschen vor Freude.
Warum klatschen Florian und Laura?
Vor Freude.

So erkennst du Satzglieder durch Proben

Du kannst Satzglieder erkennen, indem du eine der drei folgenden Proben durchführst. Satzglieder können immer nur als ganze Gruppe umgestellt, ersetzt oder weggelassen werden.

Die Umstellprobe

Hierbei erkennst du gut, welche Wörter allein im Satz stehen und welche Wörter eine Gruppe bilden. Satzglieder sind wie Bausteine, die du umstellen kannst.

Heute Morgen	traf	ich	die Maus	im Park	.
Die Maus	traf	ich	heute Morgen	im Park	.
Ich	traf	heute Morgen	die Maus	im Park	.
Ich	traf	die Maus	heute Morgen	im Park	.
Im Park	traf	ich	heute Morgen	die Maus	.
Im Park	traf	ich	die Maus	heute Morgen	.

Die Ersatzprobe

Die einzelnen Satzglieder können durch ein anderes Wort ersetzt werden.

Lotte und Tim	spielen	gerne	am Strand	.
Sie	spielen	gerne	dort	.

Daniel und ich	besuchen	Oma	.
Wir	besuchen	sie	.

Die Weglassprobe

Du kannst auch versuchen, Wörter oder Wortgruppen wegzulassen. Aber Vorsicht: Wortgruppen können immer nur als ganze Gruppe wegfallen.

Kai und ich	schwimmen	heute Morgen	im Meer	.
Kai und ich	schwimmen	heute Morgen	.	
Kai und ich	schwimmen		im Meer	.
Kai und ich	schwimmen	.		

So fällt dir das Lesenlernen leichter

Lesen ist reine Trainingssache. Je mehr du übst, desto besser kannst du es, und desto mehr Spaß wirst du bald haben.

Wann?

Lies möglichst jeden Tag um dieselbe Zeit, am besten vor dem Schlafengehen.

Wie lange?

Die Übungszeit sollte 5 bis 10 Minuten für lautes Lesen und 10 bis 20 Minuten für leises Lesen umfassen.

Wo?

Such dir einen Lieblingsplatz, oder richte dir eine Leseecke ein, wo dich niemand stört. Wichtig ist, dass dieser Platz warm und gemütlich ist und dass du dort genügend Licht hast.

Was?

Schlag dazu auch auf den Seiten 81 und 83 nach.

Am Anfang kannst du kurze Texte lesen, zum Beispiel Comics mit verteilten Rollen oder Bilderbücher. Schon bald solltest du Bücher mit längeren Texten lesen. Such dir die Bücher am besten selbst aus.

Wie?

Lies mal so laut, mal so leise wie du kannst. Versuch beim Lesen weinerlich, fröhlich, wütend oder traurig ... zu klingen. Dann kannst du beim lauten Lesen bald die verschiedenen Stimmungen gut wiedergeben.

Trainier die Geschicklichkeit deiner Augen!

Die Lesefähigkeit der Augen kannst du mit den folgenden Übungen wunderbar trainieren, denn sie machen deine Augen fit.

In einem Text bestimmte Wörter suchen

Diese können dir vorher von einer anderen Person genannt worden sein oder du beschließt zum Beispiel, auf fünf Nomen, vier Verben oder auf alle Tiernamen zu achten.

Das erste und letzte Zeilenwort lesen

Du kannst auch abwechselnd in der einen Zeile das erste, in der folgenden das letzte Wort und so weiter lesen. Dabei müssen die Augen hin- und herspringen.

Rätsel lösen

Beim Lösen von Rätseln, besonders von Kreuzworträtseln, müssen die Augen tüchtig hin- und herspringen.

Kurze Texte in Dreiecksform lesen

Lass dir
kurze Texte in
Dreiecksform aufschreiben.
Dann lies sie schnell von oben nach
unten. So erweitert sich die Blickspanne,
und du lernst über die Zeilen hinaus zu lesen.

So führst du ein Lesetagebuch

Wenn du Bücher liest, macht es Spaß, ein Lesetagebuch zusammenzustellen. Das ist eine Art Lesemappe. Dazu eignet sich am besten ein Ordner, in den du lose Blätter heften kannst.

Immer wenn du ein Buch liest oder gelesen hast, kannst du Bilder zu Figuren oder Textstellen malen oder Folgendes in dein Tagebuch eintragen:

Im 1. Teil	• den Titel des Buches • den Namen des Autors / der Autorin • den Namen des Verlags
Im 2. Teil	• eine Zusammenfassung eines Kapitels oder: • eine Zusammenfassung des ganzen Buches oder: • eine besonders schöne Textstelle
Im 3. Teil	Deine Meinung zu dem Buch. Frag dich: • Hat es mir gefallen? Wenn ja, warum? Wenn nein, warum nicht? • Was fand ich besonders gut? • Was hat mich gestört? • Welche Figur gefiel mir besonders gut, welche gar nicht? Warum?

So bereitest du das Vortragen von Texten vor

Wenn du ein Gedicht oder eine Geschichte vortragen willst, solltest du dich zu Hause darauf vorbereiten.

Schlag dazu auch auf den Seiten nach:
- wörtliche Rede: 77
- Satzarten: 68 und 69

Dazu gehört, dass du ...

... den Text mehrmals zu Hause liest

Nur wenn du ihn mehrmals leise und laut liest, lernst du den Inhalt richtig kennen. Nur dann weißt du ganz genau, wie du die einzelnen Wörter betonen musst.

... die wörtliche Rede kennzeichnest

Am besten unterstreichst du die wörtliche Rede und markierst die Wörter im Begleitsatz, die dir sagen, wie du den Redesatz sprechen musst, ob zum Beispiel leise, fragend oder lachend.

... die Satzzeichen hervorhebst

Du kannst die Satzzeichen mit Farbe markieren, damit du sie nicht übersiehst. Von ihnen hängt es ja ab, ob deine Stimme ansteigen muss wie bei einer Frage oder laut sein soll wie bei einem Ausruf.

... Notizen einfügst

Schreib dir entsprechende Notizen wie *flüstern, leise* oder *rufen* in den Text, damit du weißt, wie du die Textstelle vorlesen musst. Du kannst dir auch Zeichen ausdenken und einfügen, zum Beispiel < für *lauter sprechen*.

Das geht alles einfacher, wenn du den Text auf dem Computer schreibst. Dann kannst du ihn sogar farbig gestalten oder einzelne Wörter fett oder kursiv drucken.

Als Erstes planst du deinen Text

Wenn du deinen Text interessant und verständlich schreiben willst, musst du ihn gut planen und vorbereiten, egal, ob du eine Anleitung, eine Beschreibung oder eine Erzählung planst.

Zunächst überlegst du dir das Thema, zu dem du eine Geschichte schreiben möchtest. Vielleicht bekommst du aber auch ein Thema genannt.

Nun sammelst du alle Ideen, die dir dazu einfallen, und schreibst sie ungeordnet auf. So entsteht ein **Cluster.**

Ein aufregender Ausflug

Berg

Gewitter

Glück gehabt

meine Freunde und ich

Blitz

langer Weg

dunkle Wolken

am letzten Sonntag

unheimlich

Burgmuseum

Ausflug mit Fahrrad

nass geworden

Angst gehabt

Gib deinem Text ein Gerüst

Wenn du Stichworte gemacht hast, solltest du sie nun in die richtige Reihenfolge bringen. So entsteht ein gutes Gerüst für deine Geschichte.

Gliederung erstellen

Deine Stichworte kannst du gliedern. Diese Gliederung erleichtert dir das Schreiben:

1. Einleitung:	Meine Freunde und ich, …
2. Hauptteil:	langer Weg, Gewitter, …
3. Höhepunkt:	Blitz, Angst gehabt, unheimlich, …
4. Schluss:	Glück gehabt, …

Schlag dazu auch auf den Seiten 108 und 109 nach.

Mindmap

Du kannst deine Stichworte aber auch in einer Mindmap sortieren. Das ist eine Gedankenlandkarte, in der du deine Stichworte zu den passenden Oberbegriffen / Sammelnamen schreiben kannst.

Schlag dazu auch auf Seite 102 nach.

Du kannst dir die Mindmap auch als Baum vorstellen. Auf den Stamm schreibst du das Thema, auf die dicken Äste die Oberbegriffe, von ihnen gehen die Zweige mit deinen Stichworten aus.

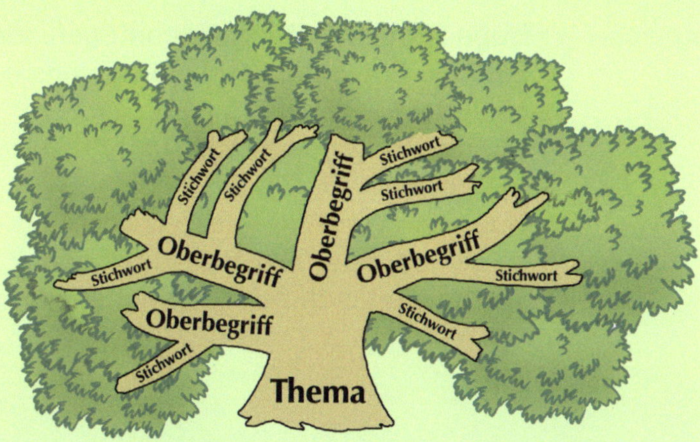

So überarbeitest du deinen Textentwurf

Ist der erste Textentwurf fertig, solltest du ihn noch einmal prüfen und notfalls verbessern.

Prüf den Inhalt des Textes

Schlag dazu auch auf den Seiten 106 bis 115 nach.

Schlag dazu auch auf den Seiten 118 bis 127 nach.

Frag dich bei einer Erzählung:	• Passt der Text zum Thema? • Habe ich nur eine Geschichte erzählt? • Gibt es Überschrift, Einleitung, Hauptteil und Schluss? • Wurden Personen, Ort, Zeit vorgestellt? • Ist der Höhepunkt ausführlich beschrieben? • Ist alles Wichtige erwähnt? • Stimmt die Reihenfolge?
Frag dich bei einem Sachtext:	• Sind alle wichtigen Informationen verwendet? • Habe ich alles möglichst genau benannt, zum Beispiel durch Zusammensetzungen?

Prüf die Textgestaltung

Frag dich:	• Habe ich eine gute Überschrift gefunden? • Sind die Satzanfänge abwechslungsreich gestaltet? • Wurden treffende Verben und Adjektive gebraucht? • Habe ich wörtliche Rede verwendet? • Ist die Ich- oder Er-Form eingehalten? • Wurde die Erzählzeit beibehalten?

Kontrollier die Sprache

Frag dich:	• Ist die Zeitform des Verbs richtig? • Stimmt die Personalform des Verbs? • Ist die Form des Adjektivs richtig? • Habe ich die passenden Bindewörter verwendet? • Steht das Subjekt im 1. Fall? • Steht das Prädikat an der richtigen Stelle? • Sind die Sätze vollständig? • Habe ich die richtige Satzart verwendet?

Überprüf die Rechtschreibung

Frag dich:	• Habe ich keine Wörter ausgelassen? • Sind alle Wörter richtig geschrieben? • Habe ich keine Buchstaben vergessen oder verdreht? • Sind die Nomen und Satzanfänge groß-geschrieben? • Habe ich die passenden Satzzeichen gesetzt? • Sind die Kommas an der richtigen Stelle? • Habe ich bei der wörtlichen Rede Doppelpunkt und Anführungszeichen gesetzt?

So übst du das Schreiben am besten

Beim Üben musst du nicht immer „richtige“ Aufsätze schreiben. Du kannst üben, indem du …

… einfach drauflosschreibst

Wenn du nicht so gerne Geschichten nach dem strengen Muster von Einleitung, Hauptteil, Schluss schreibst, dann schreibe doch einfach drauflos, halte alles schriftlich fest, was dir gerade einfällt.

Du kannst diese Geschichten mit Bildern schmücken und zu einem Geschichtenbuch zusammenstellen, das du gut verschenken kannst.

Achte darauf, was die Leser deiner Geschichte dazu sagen. Haben sie alles verstanden? War die Geschichte interessant für sie? Wo hätten sie gerne mehr erfahren?

Schlag dazu auch auf den Seiten 128 bis 131 nach.

… Briefe an Freunde schreibst

Mit Briefen machst du nicht nur anderen eine Freude, sondern du trainierst dabei auch das Schreiben.

… ein Tagebuch führst

In Tagebücher kannst du deine ganz geheimen Gedanken und Gefühle schreiben. Und nebenbei übst du so auch das Schreiben von Texten.

Schlag dazu auch auf den Seiten 122 und 123 nach.

… Anleitungen und Rezepte erfindest

Wenn du Anleitungen oder Rezepte für andere schreibst, probier sie erst einmal selbst aus. Dann merkst du am besten, ob sie richtig und hilfreich sind.

So erweiterst du deinen Wortschatz

Je mehr Wörter du kennst, desto abwechslungsreicher kannst du dich in deinen Texten ausdrücken.

Du kannst deinen Wortschatz vergrößern …

… durch das Aufstellen von Wortfeldern

Wortfelder bestehen aus Wörtern mit ähnlicher Bedeutung. Es gibt große und kleine Wortfelder.

Wortfeld gehen	laufen, schleichen, eilen, rennen, stolpern, hüpfen, hinken …
Wortfeld Schiff	Segelboot, Dampfer, Tanker, Kahn, Schlepper, Boot …
Wortfeld schön	hübsch, anmutig, lieblich, nett, fein …

Versuch, in alltäglichen Gesprächen möglichst treffende Ausdrücke zu verwenden. Das hilft dir, dich auch beim Schreiben von Texten gut auszudrücken.

… durch das Zusammenstellen von Wortfamilien

Wortfamilien sind Wörter mit gleichem Wortstamm.

Wortfamilie zum Wort *bauen:*
Gebäude, aufbauen, Abbau, Bauer, Bäuerin …

Schlag dazu auch auf Seite 67 nach.

… durch das Sammeln von Oberbegriffen

Das Sammeln von Oberbegriffen / Sammelnamen wie zum Beispiel *Geschirr* oder *Möbel* hilft dir nicht nur, vieles kürzer zu sagen, sondern unterstützt dich auch beim Anlegen von Mindmaps.

Schlag dazu auch auf Seite 102 nach.

MAUS-Tipps: Lesen üben im Alltag – ganz nebenbei

Ihr Kind mag nicht gerne Lesen üben? Muss es auch nicht! Lesen soll Spaß machen, keine lästige Hausaufgabe sein! Hier finden Sie ein paar Tipps, wie Sie Ihrem Kind das Lesen schmackhaft machen.

In der Bücherei

Schauen Sie doch einmal mit Ihrem Kind bei einer Leihbücherei vorbei! Egal, wie gut oder gern Ihr Kind liest, hier finden Sie Lesestoff. Nicht nur Bilderbücher, auch Kindersachbücher laden zum Schmökern und Entdecken ein. Nehmen Sie sich Zeit und entdecken Sie gemeinsam das Angebot. Ein Büchereimitarbeiter berät Sie und erklärt Ihnen, wo Sie welches Buch finden. Und wenn Ihr Nachwuchs die Hörbücher und DVD's entdeckt? Lassen Sie ihn zugreifen – solange er auch ein „echtes" Buch mit nach Hause nimmt.

Lesezeit ist Kuschelzeit

Vielleicht haben Sie Lust, eine feste Zeit am Tag zur Lesezeit zu machen? Kuscheln Sie sich mit Ihrem Kind gemütlich auf's Sofa und lesen Sie gemeinsam. Ihr Kind darf bestimmen, welches Buch gelesen wird. Und dann lesen Sie abwechselnd: Sie ein Stück, Ihr Kind ein Stück. Wenn es diese Zeit nicht als Übungsstunde, sondern als Kuschelzeit mit Ihnen sieht, wird es das Lesen nicht als nervige Hausaufgabe, sondern als gemütliche Freizeitbeschäftigung sehen!

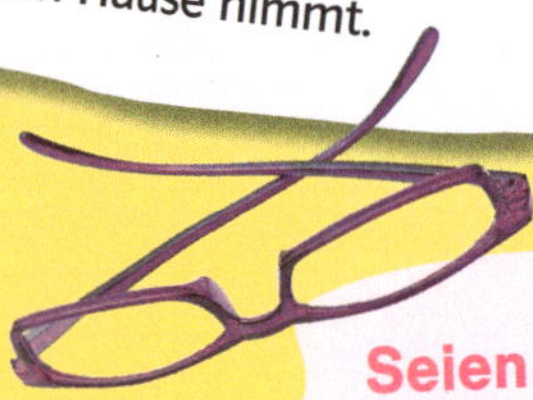

Seien Sie Vorbild

Zeigen Sie Ihrem Kind, dass Lesen Freude macht! Sicher, es ist leicht, ein gutes Lese-Vorbild zu sein, wenn Sie immer schon mit Bücherstapeln um sich herum gelebt haben, aber vielleicht fangen Sie an, selber zu lesen? Suchen Sie sich Literatur aus, die Ihnen gefällt, egal ob Schnulze oder Thriller. Lesen Sie vor Ihrem Kind, lassen Sie Ihre Bücher in der Wohnung liegen! Sie werden sehen, Sie wecken die Neugier Ihres verhaltenen Bücherwurms!

Sammeln Sie gemeinsam Informationen

Ein bestimmtes Thema interessiert Ihr Kind? Der Weltraum? Pferde? Wie entsteht das Wetter? Suchen Sie gemeinsam nach Informationen. Es gibt tolle Kindersachbücher – oder Sie forschen gemeinsam im Internet. Wichtig ist, dass Ihr Kind selber liest. Verliert es die Lust, können Sie es dabei unterstützen und einzelne Passagen vorlesen. Den Großteil sollte sich aber Ihr Kind selber erarbeiten.

Kleinvieh macht auch Mist!

Es muss nicht immer das dicke Buch sein, lesen kann man auch auf der Straße üben. Spielen Sie Lesespiele! Wer kann bei der Autobahnfahrt die meisten Ortsnamen auf den Hinweisschildern lesen? Oder wer findet beim Einkaufsbummel den längsten, lustigsten oder langweiligsten Geschäftsnamen? Rückwärtslesen! „Ich sehe was, was du nicht siehst, und das heißt ELEIDSIE …!

Belohnung ist das Zauberwort

Egal, was Sie von Ihrem Kind wollen: mit Druck erreichen Sie nichts. Wenn Sie möchten, dass Ihr Kind regelmäßig liest, stellen Sie Belohnungen in Aussicht. Für jede fehlerfrei gelesene Seite gibt es einen Stern, bei 5 Sternen darf es sich einen kleinen Wunsch erfüllen. Oder wenn es ohne zu murren eine Geschichte liest, darf es anschließend sein Lieblings-Computerspiel spielen. Damit erreichen Sie viel mehr, als wenn Sie Strafen in Aussicht stellen!

Richtig schreiben – das geht überall

Ihnen geht es wie vielen Eltern: Rechtschreiben üben macht so gar keinen Spaß! Diktieren, verbessern, diktieren, verbessern, ... Wenn Sie die Nase voll davon haben, probieren Sie mal diese Tipps aus:

Spielend richtig schreiben

Kennen Sie Willi? Willi mag nur Dinge mit doppelten Buchstaben: also Wellen, oder das Wasser, Seen, das Meer – aber Bäche, die mag er nicht! Spielen Sie mit Ihrem Kind! Fangen Sie an, zählen Sie auf, was Willi mag und was nicht. Hat Ihr Kind die Regel erkannt, soll es selber finden, was Willi mag: Pommes und Kartoffeln, aber keine Möhren! Sie können dieses Spiel mit allen möglichen Rechtschreibfällen spielen: mit ie, mit Dehnungs-h, mit ck ... Was eben gerade zum Üben ansteht!

Schreiben, was das Zeug hält!

Machen Sie Ihr Kind zu Ihrem Privatsekretär! Je nach Können bitten Sie es, Ihnen beim Schreiben zu helfen: Einkaufszettel, Notizen, kurze Nachrichten – dabei geht es nicht darum, immer alles richtig zu schreiben, sondern einfach nur darum, verstanden zu werden! Und dazu muss ein Wort geschrieben sein. Geben Sie Tipps, ohne Ihr Kind zu demotivieren!

Schreiben macht Spaß!

Kaufen Sie gemeinsam ein Tagebuch. Ihr Kind soll selber aussuchen, was ihm gefällt. In dieses Buch wird jeden Abend geschrieben, was den Tag über Schönes passiert ist: eine gute Note, ein fröhlicher Kindergeburtstag, ein Besuch im Zoo ... Das tut der Seele gut und ganz nebenbei wird das Schreiben immer weniger zur lästigen Pflicht!

Rein in die Kiste mit der Rechtschreibung!

Richtig schreiben ist wie Vokabeln üben: Wiederholung heißt das Zauberwort! Besorgen Sie sich einen Karteikasten und kleine Karteikarten, Ihr Kind soll die Wörter, die es falsch schreibt, auf die Karten schreiben. Diktieren Sie diese Wörter. Alle richtig geschriebenen kommen in ein Extrafach, die anderen werden so lange wiederholt, bis sie auch dort landen.

Die wörtliche Rede mal ganz ohne Aufsatz

Die wörtliche Rede – einfach mal reden! Es muss kein Aufsatz sein, man kann die wörtliche Rede mit ihren Begleitsätzen auch gut einmal mündlich üben.

Lasst Blumen sprechen!

Die wörtliche Rede können Sie fast überall üben! Zum Beispiel beim Spazierengehen. Lassen Sie die Pflanzen sprechen: die alte Tanne brummt schlecht gelaunt: „Ich stehe hier schon so lange rum, dabei wollte ich doch Weihnachtsbaum werden!" Und das Gras wispert: „Tritt mich nicht!" Was sagt wohl die Blume oder der Dornenbusch? Endlich kommen sie auch mal zu Wort!

Wer sagt was wie und warum?

Erfinden Sie einen Satz: „Alle Mann an Bord!" zum Beispiel. Wer könnte diesen Satz gesagt haben? Und wie? Der müde Kapitän gähnt, der freche Matrose lacht, die Meerhexe krächzt, ... Und natürlich müssen die Stimmen nachgemacht werden. Wer hat die lustigste Idee?

Richtig schreiben – Silben sind das Zauberwort

Ihr Kind hat bestimmt in der 1. Klasse mit Begeisterung Silben geklatscht. Das hat seinen Sinn! So hat es gelernt, Wörter genau abzuhören um dann auch jeden Buchstaben zu schreiben. Warum sollte dies nur in der 1. Klasse funktionieren?

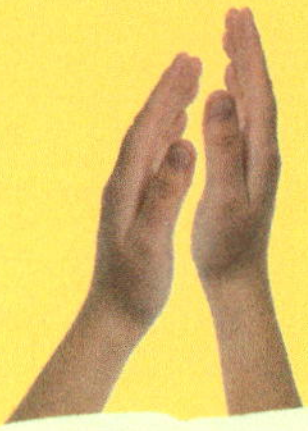

Trennungsschmerz muss nicht sein!

Immer wieder sammeln sich die roten Striche im Diktat, weil falsch getrennt wurde? Zeigen Sie Ihrem Kind, wie es sich diese Fehler sparen kann! Muss ein Wort am Zeilenende getrennt werden, klatscht man sich die Silben. Im Diktat lieber im Geiste, die Klasse wird es einem danken!

Ro-bo-ter-spra-che ist in!

Warum nicht mal ein bisschen Abwechslung in die abendlichen Gespräche am Esstisch bringen? Reden Sie doch mal miteinander wie eine Ro-bo-ter-fa-mi-li-e? Da hören Ihre Kinder mit Sicherheit wieder genauer hin. Jede Silbe wird für sich gesprochen und die eine oder andere Rechtschreibfalle so ganz deutlich gehört! Wet-ten?!

Mensch ärgere dich nicht mit Silben

Es gibt tolle Gesellschaftsspiele mit Silben – eines davon haben Sie zu Hause im Schrank! Wenn Sie das nächste Mal *Mensch ärgere dich nicht* spielen, dann lassen Sie doch mal den Würfel verschwinden. Statt zu würfeln, müssen Wörter mit möglichst der richtigen Anzahl von Silben genannt werden. Also „Sil-ben-trenn-kö-ni-gin“, falls man rauskommen möchte. Da werden die Köpfe rauchen!

Erzähl' mir was! – Erzähltexte wieder lieben lernen

Eigentlich schade, dass so viele Kinder keinen Spaß mehr am Fabulieren, am Erfinden und am Ausdrücken haben. Denn eigentlich ist doch das Erzählen von Geschichten ein wunderbarer Zeitvertreib!

Wie geht's weiter?

Vergessen Sie das mit dem Aufschreiben! Vielleicht haben Sie Lust, eine Fortsetzungsgeschichte zu erzählen? Vorlagen gibt es überall, eine Zeitungsmeldung vielleicht oder eine Kindersendung, die genau dann endet, wenn es am spannendsten wird. Wie geht es weiter? Spinnen Sie gemeinsam mit Ihrem Kind eine Geschichte! Ob Happy End oder nicht, Sie werden bestimmt gemeinsam Spaß daran haben!

Gute Nacht!

Wie so oft können Sie auch beim Üben von Erlebniserzählungen ein gutes Vorbild sein, von dem Ihr Kind unheimlich viel lernen wird! Fangen Sie doch an, abends am Bett Ihres Kindes wieder Geschichten zu erzählen. Ihrer Fantasie sind keine Grenzen gesetzt – und Ihr Kind ist bestimmt nicht böse, wenn Sie sich Anregungen aus Kinderbüchern holen!

Im Museum ist was los!

Anregungen für Geschichten finden sich auch in Museen. Besuchen Sie gemeinsam mit Ihrem Kind ein Technikmuseum, eine Galerie oder ein Naturkundemuseum – ganz nach Geschmack des Nachwuchses. Was haben die Exponate schon alles erlebt? Setzen Sie sich vor das schönste Stück der Ausstellung und lassen Sie sich von Ihrem Kind überraschen!

Gedichte schreiben für zwischendurch

Die Lehrplanmacher hatten sich eigentlich gedacht, dass das Schreiben und Erfinden von Gedichten in erster Linie Freude machen soll. Tut es nicht? Dann probieren Sie doch mal diese „Gedichte to go“ für zwischendurch aus!

Sinn macht's keinen, aber Spaß!

Beim Einkaufen, auf dem Weg zum Fußball, abends in der Badewanne – kleine Dichter haben immer Spaß am Unsinn reimen. Fangen Sie an: „ Mein Sohn, der steckt hier in der Wanne…“ und Ihr Kind vervollständigt den Reim: „wenn nicht, dann säß' er auf der Tanne:“ Wie gesagt, es geht nicht um den Sinn, der Spaß soll im Vordergrund stehen!

Akrostichon für zwischendurch

Keine Angst, Sie müssen nicht im Internet forschen: ein Akrostichon ist ein Vers, bei dem die Anfangsbuchstaben der Wörter ein Wort ergeben. Oder umgekehrt – ein Wort sind die Anfangsbuchstaben der Wörter eines Verses: Für den Anfang muss es kein Vers sein, in erster Linie soll Ihr Kind Spaß daran haben, sich passende Wörter zu überlegen!

Sch ön!
U nser
L ehrer
E iert!

Elfchen mit Fundstücken

Lassen Sie sich von Ihrem Kind erklären, was ein Elfchen ist, oder schlagen Sie auf Seite 117 nach. Und dann legen Sie gemeinsam los. Wieder müssen Sie nichts aufschreiben, aber alles, was Ihnen und Ihrem Kind in Zukunft über den Weg läuft, wird zu einem Elfchen gemacht. Sie werden sehen, beim Mittagessen, unterwegs im Wald, sogar im Supermarkt gibt es jede Menge Fundstücke, die sich zu Elfchen umwandeln lassen!

Sachtexte ganz nebenbei üben! Wie geht das?

Vielleicht hat ein Lehrer immer noch die alten langweiligen Themen für Sachtexte wie schon zu Ihrer Schulzeit? Wie man Pudding kocht mussten Sie bestimmt früher auch schon mal notieren. Hier finden Sie ein paar Anregungen, wie Sie Ihrem Kind Lust auf Vorgangsbeschreibungen der etwas anderen Art machen können!

So funktioniert meine Mama!

Puh! Sie sind mal wieder so gar nicht einer Meinung mit Ihrem Kind? Dann verfassen Sie doch gemeinsam mit ihm eine Gebrauchsanweisung für Mütter. Wie pflegt man sie richtig, worauf muss man bei der Fütterung achten, was verträgt so eine Mama gar nicht? Sie werden sehen, im Nu hat Ihr Kind mit Spaß eine Gebrauchsanweisung verfasst – und für den Papa eine Anleitung geschrieben!

Lecker – und ganz selbst gekocht!

Wenn's mal wieder das Leibgericht Ihres Kindes geben soll, dann nehmen Sie es mit in die Küche! Denn für alle Fälle soll es sich notieren, wie man Spaghetti mit Tomatensauce oder Schnitzel mit Pommes zubereitet. Jeder Schritt wird aufgeschrieben – und das nächste Mal nach dem eigenen Rezept vom Nachwuchs zubereitet, natürlich mit Ihrer Unterstützung.

Wer bin ich?

Sie können auch spielerisch und ohne viel zu schreiben einen Sachtext üben: spielen Sie doch gemeinsam „Wer bin ich?" Das geht im Auto auf dem Weg ins Ballett genauso gut, wie gemütlich auf dem Sofa. So genau wie möglich werden Familienmitglieder, Freunde oder Klassenkameraden beschrieben. Wer errät als erstes, um wen es geht?

Du hast Post!

Ein Thema in der Grundschule ist immer wieder das Schreiben von Texten an bestimmte Empfänger. Dabei kann es sich um Briefe genauso handeln wie um E-Mails, SMS oder WhatsApp. Die schreiben Sie ständig? Gut! Dann lassen Sie Ihr Kind auch einmal!

Danke, Oma!

Auch wenn Ihr Kind die Oma nach dem Geburtstag angerufen hat, um ihr zu sagen, wie toll ihr Geschenk war: über ein paar Zeilen freut sie sich bestimmt! Es muss kein langer Brief sein, setzen Sie sich mit Ihrem Kind hin und schreiben Sie gemeinsam eine kleine Karte. Die freudige Antwort der Oma wird Ihr Kind bestimmt mehr motivieren, als das „Gut gemacht“ vom Lehrer unter dem Hefteintrag zum Brief!

Sie haben Post!

Bitten Sie die Lehrerin Ihres Kindes um deren E-Mail-Adresse. Rückt sie diese raus, können Sie gemeinsam mit Ihrem Kind kleine Nachrichten an die Lehrerin schreiben. Das müssen keine Romane sein, vielleicht war die Hausaufgabe heute sehr schwer oder das Arbeitsblatt besonders knifflig? Ihr Kind soll das seiner Lehrerin schriftlich mitteilen ¬ und dabei gleich die richtigen Anredeformen üben! Oder fragen Sie doch Ihre nette Nachbarin.

Hat der Postbote was für mich?

Wenn Ihr Kind fleißig schreibt, sollten Sie dafür sorgen, dass es auch Antworten bekommt! Natürlich schreibt die Oma zurück! Und der Papa schickt von seiner Geschäftsreise eine Karte. Bestimmt erinnern Sie sich noch daran, wie sehr Sie sich als Kind über Briefe gefreut haben – Ihrem Nachwuchs geht es sicher genauso!

Der kleine Brief zwischendurch

Auch über kleine Nachrichten freut man sich! Besorgen Sie selbstklebende Notizzettel für die ganze Familie. So können Sie sich gegenseitig kleine Nachrichten schreiben: „Guten Morgen, Tim! Einen schönen Tag wünsche ich dir!“ am Badezimmerspiegel hebt die Laune ungemein. Bestimmt bekommen Sie bald Antwort!

Verben – ein bisschen was für zwischendurch!

Verben zu üben kann sehr anstrengend sein. Eigentlich müsste man sie wie englische Vokabeln pauken, obwohl wir sie jeden Tag benutzen. Hier finden Sie einige Anregungen, wie Ihr Kind gar nicht merkt, dass es übt.

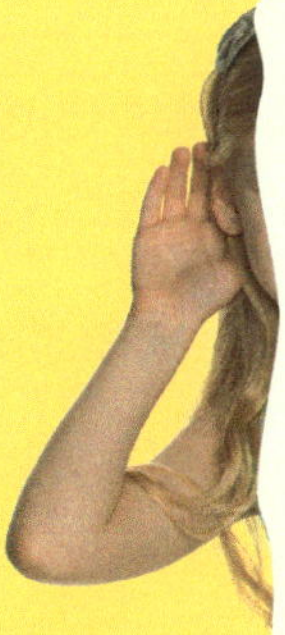

Man kann nicht nur *sagen* sagen

Wortfelder machen Aufsätze spannender. Sie zu üben, kann zäh und langweilig sein. Machen Sie ein Spiel daraus: Im Auto lässt sich das Wortfeld *sagen* prima üben. Sie *wispern, brüllen, nuscheln, flüstern* etwas und ihr Kind muss das passende Wort für *sagen* dazu finden. Zu Hause können Sie *gehen* üben: *hüpfen, stolpern, kriechen* Sie durch die Wohnung – wer's errät, darf weiter machen.

Verbessern – aber richtig

Auch wenn Deutsch die Muttersprache Ihres Kindes ist: das mit den unregelmäßigen Verben ist so eine Sache! Da *gehte* der Nachwuchs gern mal zum Sport oder *isste* eine Pizza. Klar, dass Sie diese Fehler nicht so stehen lassen. Verbessern Sie nicht mit dem erhobenen Zeigefinger! Wiederholen Sie lieber noch einmal, wie der Satz richtig heißt. „Du bist zum Sport gegangen?" „Ich aß gestern auch eine Pizza. Lecker, was!?"

Wortschatzerweiterung mal ganz anders

Wie viele Verben kennt Ihr Kind eigentlich? Haben Sie sich darüber schon einmal Gedanken gemacht? Finden Sie es heraus, spielen Sie Scharade (Pantomime) mit ihm. Machen Sie Ihm eine Tätigkeit vor und es soll das entsprechende Verb finden. Dann ist Ihr Kind an der Reihe.

Übersicht über Fachbegriffe

Lateinische Begriffe	Beispiele	Deutsch Begriffe
Nomen, Substantiv	Buch	Hauptwort, Namenwort
Verb	lesen	Tuwort, Tätigkeitswort, Tunwort, Zeitwort
Adjektiv	schön	Wiewort, Eigenschaftswort
Artikel	das, eine	Begleiter
Personalpronomen	ich, du, er, sie	persönliches Fürwort
Possessivpronomen	mein, dein	besitzanzeigendes Fürwort
Numerale	zwei, mehrere	Zahlwort
Präposition	auf, in	Verhältniswort
Konjunktion	und, aber, weil, dass	Bindewort
Adverb	gern, oft	Umstandswort
Infinitiv	lesen	Grundform
Imperativ	Lies!	Befehlsform
Singular	das Buch	Einzahl
Plural	die Bücher	Mehrzahl
Vokal	a, e, i, o, u	Selbstlaut
Konsonant	b, c, d, f ...	Mitlaut
Diphthong	au, äu, eu, ai, ei	Doppellaut

Lateinische Begriffe	Beispiele	Deutsch Begriffe
Subjekt	das Kind	Satzgegenstand
Prädikat	gibt	Satzaussage, Satzkern
Dativobjekt	mir	Ergänzung im 3. Fall
Akkusativobjekt	das Buch	Ergänzung im 4. Fall
adverbiale Bestimmung	morgen früh	Umstands-bestimmung
Nominativ	das Kind	1. Fall, Wer-Fall
Genitiv	des Kindes	2. Fall, Wessen-Fall
Dativ	dem Kind	3. Fall, Wem-Fall
Akkusativ	das Kind	4. Fall, Wen-Fall
Komparativ	länger	1. Vergleichsstufe, Höherstufe
Superlativ	am längsten	2. Vergleichsstufe, Höchststufe
Präsens	ich lese	Gegenwart
Imperfekt, Präteritum	ich las	Vergangenheit
Perfekt	ich habe gelesen	2. Vergangenheit
Plusquam-perfekt	ich hatte gelesen	3. Vergangenheit
Futur	ich werde lesen	Zukunft

Vereinfachte Ausgangsschrift

A B C D E F G H I J K

L M N O P Q R S T

U V W X Y Z Ä Ö Ü

a b c d e f g h i j k

l m n o p q r s s t u

v w x y z ß ß ä ö ü

(. , ; : „ " - ! ?)

Lateinische Ausgangsschrift

A B C D E F G H I J K

L M N O P Q R S T

U V W X Y Z Ä Ö Ü

a b c d e f g h i j k

l m n o p q r s t u v

w x y z ß ä ö ü

(. , ; : „ " - ! ?)

Schulausgangsschrift

A B C D E F G H I J K
L M N O P Q R S T
U V W X Y Z Ä Ö Ü
a b c d e f g h i j k
l m n o p q r s t u v
w x y z ß ä ö ü
(. , ; : „ " – ! ?)

Druckschrift

A B C D E F G H I J K
L M N O P Q R S T
U V W X Y Z Ä Ö Ü
a b c d e f g h i j k
l m n o p q r s t u v
w x y z ß ä ö ü
(. , ; : „ " – ! ?)

A

der Abend, am Abend, abends

alle, allen, alles

allein

alt, älter

andere, anderen, anderer, anderes

die Angst, ängstlich

die Antwort, antworten

der Ärger, ärgern

auf einmal

außen

außer, außerdem

B

beide

die beiden, diese beiden

das Beispiel

bekommen, du bekommst, er bekam

besser

bis

bisschen

bleiben, du bleibst, er blieb

bloß

böse

brauchen, du brauchst

D

dann

dass

denn

die

dies, diese, diesen, dieser, dieses

dir

draußen

dunkel

E

eben, ebenfalls, ebenso

eigentlich

ein, eine, einem, einen, einer, eines

einmal (aber: *ein Mal,* wenn beide Wörter betont werden)

das Ende, endlich

entgegen

erzählen, du erzählst

essen, du isst, sie isst, er aß, das Essen

etwas

F

fahren, du fährst, sie fährt

das Fahrrad, die Fahrräder

die Fahrt

fallen, du fällst, er fiel *(Er fiel zu Boden. – aber: Es fiel viel Regen.)*

fehlen, du fehlst

fernsehen, du siehst fern

der Fernseher, die Fernseher

fertig

sie fiel (Grundform: *fallen)*

fressen, es frisst

das Frühstück

G

ganz, ganze, ganzen

gar, gar kein, gar nicht

geben, du gibst, er gab

der Geburtstag, die Geburtstage

gehen, du gehst, er ging

geträumt (Grundform: *träumen)*

das Glück

groß, große, großen, großer, großes, größer, größte *(das größte Haus* – aber: *das Größte war ...)*

die Grüße

gut

H

haben, du hast, sie hat, er hatte, sie hatten

halten, du hältst, er hält

das Haus, die Häuser

her, herein

heute, heute Abend, heute Morgen

hier

hin, hinaus, hinein

hinterher

hoffentlich

der Hunger, hungrig

I

ich

die Idee, die Ideen

ihm, ihn, ihnen, ihr, ihre, ihren, ihres

im

immer

interessant

irgendein, irgendetwas, irgendjemand, irgendwann, irgendwer, irgendwie, irgendwo

sie ist *(Sie ist größer als er.)*

sie isst (Grundform: *essen – Sie isst gern Spaghetti.)*

J

jetzt

der Junge, die Jungen

K

sie kam, sie kamen (Grundform: *kommen)*

sie kann, du kannst (Grundform: *können)*

kaputt

kein, keine, keinen, keiner, keines

kennen, du kennst, sie kennt

klein, kleine, kleinen, kleiner, kleines

kommen, du kommst, sie kommt, er kam

können, du kannst, sie kann, er konnte

kriegen, du kriegst, sie kriegt

L

lachen, du lachst, sie lacht

lassen, du lässt, sie lässt, er ließ, sie ließen

leben, du lebst, sie lebt

das Leben

der Lehrer, die Lehrerin, die Lehrerinnen

lernen, du lernst, sie lernt

lesen, du liest, sie liest, er las

lieb, liebe, lieber, liebes, am liebsten

die Liebe

lieben, du liebst, er liebt

sie ließ (Grundform: *lassen)*

sie liest (Grundform: *lesen)*

los

loslassen

M

mal *(zwei mal acht –* aber: *Ich traf ihn zweimal.)*

Mal *(das zweite Mal)*

man

der Mann, die Männer

mehr

mein, meine, meinem, meinen, meiner, meines

meistens

die Minute

mit

morgen, morgens *(Bis morgen!)*

der Morgen *(Guten Morgen!)*

müssen, du musst, sie muss, er musste

N

nachdem

der Nachmittag, nachmittags

nächste *(nächste Woche),* nächsten, nächster, nächstes (aber: *Der Nächste, bitte!)*

nämlich

nah, nahe

nehmen, du nimmst, sie nimmt, er nahm

nichts

P

passieren, etwas passiert

der Platz, die Plätze

plötzlich

R

rennen, du rennst, sie rennt, er rannte

rufen, du rufst, er rief

die Ruhe, ruhig

S

die Sache

sagen, du sagst, sie sagt, er sagte

sie sah (Grundform: *sehen)*

sie saß (Grundform: *sitzen*)

schlecht

schließlich

schlimm

das Schloss, die Schlösser

der Schluss

schön, schöne, schöner, schönes, am schönsten

schrecklich

schreien, du schreist, er schrie, sie schrien

schwarz

sehen, du siehst, sie sieht, sie sah

sehr

die Seite

selbstständig (auch: *selbständig*)

sie, Sie *(Dort kommt sie.* Aber: *Bitte kommen Sie mit!)*

sitzen, du sitzt, sie sitzt, sie saß, gesessen

sollen, du sollst, sie soll, ihr sollt, er sollte

der Spaß, die Späße

spazieren, du spazierst

das Spiel, die Spiele

spielen, du spielst, sie spielt, er spielte

stehen, du stehst, er stand

der Stein, die Steine

die Stelle, die Stellen

stellen, du stellst

das Stück, die Stücke

T

der Tag, die Tage

der Tod

tot

der Traum, die Träume

träumen, du träumst, geträumt

U

und

uns, unser, unsere, unserem, unseren

V

vergessen, du vergisst, sie vergisst, er vergaß

verlieren, du verlierst, sie verliert, verloren

verschieden, verschiedene, verschiedenen

viel, viele, vielen, vieles

vom, von

vor

vorbei

W

wahr

die Wahrheit

sie war, sie waren,
du warst, ihr wart,
sie wäre, sie wären

Weihnachten

weit, weiter,
am weitesten

wie

wieder

wenn

werden, du wirst,
sie wird

wir

wissen, du weißt,
sie weiß, er wusste,
gewusst

wollen, du willst, sie
will, ihr wollt, er wollte

Z

die Zeit

ziemlich

zu Ende

zuerst

zu Haus, zu Hause,
(auch: *zuhause*)

zuletzt

zurück

zusammen

1
2
10
10:30
14:00

Abbildungs- und Fotonachweis

Thinkstock, München:
Seite 20 (Charles Brutlag); Seite 23 (©anankkml); Seite 23 (anna1311); Seite 26 (© Misko Kordic); Seite 27 (Eric Isselée); Seite 28 (jmiks); Seite 29 (© Anastasiya Maksymenko); Seite 35 (Carrie Bottomley); Seite 39 (GlobalP); Seite 40 (Irina Danilova); Seite 41 (Suljo); Seite 47 (© Eric IsselTe); Seite 48 (Eric Isselée); Seite 51 (Valua Vitaly); Seite 54 (ognianm); Seite 56 (Eric Isselée); Seite 74 (iSailorr); Seite 78 (ademdemir); Seite 84 (Elena Schweitzer); Seite 87 (_Vilor); Seite 99 (DrPAS); Seite 101 (BSANI); Seite 102 (Valerii Kaliuzhnyi); Seite 122 (Belgium); Seite 123 (RusN); Seite 135 (© Larisa Vakhtina); Seite 158 (inbj), (Thanetphoto), (Alexander Yakovlev); Seite 159 (unalozmen), (Kseniya Abramova); Seite 160 (Inga Nielsen), (Zoonar/unknown); Seite 161 (Wavebreak Media), (Floortje); Seite 162 (Kirillm), (Kerstin Klaassen), (ragıp ufuk vural); Seite 163 (© Joanne Ingate); Seite 164 (karandaev), (GlobalP); Seite 165 (HandmadePictures), (Dizzy); Seite 166 (© Christophe Testi), (Hemera Technologies); Seite 167 (Nastco), (SergiyN); vordere Innenklappe (Sharon Foelz), (IvonneW), (455621); hintere Innenklappe (1971yes), (George Doyle), (XiXinXing), (Leysan)

Klett Archiv, Stuttgart:
Seite 125 (Gert Mothes, Leipzig)

Thomas Weccard, Ludwigsburg:
Seite 133

Abbildungen Maus, Elefant und Ente:
© I. Schmitt-Menzel / Friedrich Streich
WDR mediagroup GmbH
Die Sendung mit der Maus © WDR

Der Verlag hat sich nach bestem Wissen und Gewissen bemüht, alle Inhaber von Urheberrechten an Texten und Abbildungen zu diesem Werk ausfindig zu machen. Sollte das in irgendeinem Fall nicht korrekt geschehen sein, bitten wir um Entschuldigung und bieten an, gegebenenfalls in einer nachfolgenden Auflage einen korrigierten Quellennachweis zu bringen.

Großer Lernspaß mit mit der Maus

ISBN 978-3-12-949298-7

ISBN 978-3-12-949299-4

ISBN 978-3-12-949155-3

DieMaus